FÁBRICA DE MILIONÁRIOS

Bolsa de Valores para leigos

MARCELO VEIGA

Copyright © 2016 Marcelo da Graça Veiga

All rights reserved.

ISBN-13: 978-1533167415
ISBN-10: 1533167419

DEDICATÓRIA

Dedico este livro ao meu filho amado e meu melhor amigo, Filipe Veiga, para que o conhecimento e experiência deste livro lhe seja útil no seu enriquecimento e na sua independência financeira.

SUMÁRIO

	Agradecimentos	I
	Prefácio	Pg. # 1
	Introdução	Pg. # 3
1	Vantagens da bolsa	Pg # 5
2	Mudando sua relação com seu banco	Pg # 15
3	Ensinando seu gerente	Pg # 31
4	Primeiros passos para investir na bolsa	Pg # 57
5	Investindo em Fundos Imobiliários	Pg # 75
6	Investindo em Ações	Pg # 81
7	Fatores Dinâmicos e Analistas	Pg # 95
	Como Enriquecer na Bolsa	Pg # 103
	Pequeno Dicionário do Investidor	Pg # 104
	Bibliografia	Pg # 109
	Sobre o autor	Pg # 111

O autor deste livro reflete opiniões próprias adquiridas do conselho de terceiros milionários, figuras públicas da Bolsa de Valores, do mercado de Educação Financeira mundial, e não se responsabiliza por prejuízos de qualquer natureza em decorrência do uso ou não destas informações.

MARCELO VEIGA

AGRADECIMENTOS

Agradeço a Jesus Cristo que deu sua vida por mim,
e tem me sustentado nesta jornada até aqui, e a Késia Veiga,
esposa amada, melhor amiga e parceira em tudo.

Prefácio

"Fábrica de Milionários" é a Bolsa de Valores, tão desconhecida no Brasil e tão promissora em oportunidades para enriquecer pessoas. O ambiente da bolsa é o lugar para se investir o dinheiro que se ganha trabalhando ou empreendendo, e vê-lo crescer muito além da rentabilidade dos fracos produtos bancários. É o lugar onde aprendemos a fazer o dinheiro trabalhar para nós e realmente se multiplicar.

O autor expõe as vantagens do mercado de ações fazendo um comparativo entre produtos e serviços de bancos e os investimentos sofisticados do ambiente da bolsa, para que o leitor perceba a diferença de percentuais que se pode ganhar entre um e outro.

Este é o 2º livro da Coleção Como Enriquecer, uma continuação do 1º chamado "Só Não É Rico Quem Não Quer", onde o autor desvenda como é fácil enriquecer no século XXI com os recursos da internet acessando o mercado de ações ou empreendendo online.

A importância do tema é oportuna em um momento em que a economia brasileira emergente se prepara para sua mais promissora era de desenvolvimento, em um mundo globalizado, hiperconectado, onde a Bolsa de Valores tem papel primordial e oportunidades de enriquecimento fantásticas.

Os ensinamentos sobre Educação Financeira do livro são uma grande oportunidade de se conquistar a independência financeira que as pessoas tanto almejam.

Introdução

A Bolsa de Valores é uma verdadeira "Fábrica de Milionários", um ambiente financeiro desconhecido e mal interpretado pelos brasileiros, mas que nos Estados Unidos e outros países desenvolvidos tem sido a força motriz de suas economias pungentes e local onde surgem milhares de milionários todos os anos.

No Brasil, a Bolsa de Valores, por ser jovem, em um país emergente que tem tudo para dar certo, reservas, potencial humano, tem sido considerada por investidores experientes e internacionais, como um dos mercados de ações mais promissores do mundo.

Conhecer esta oportunidade pode ser a grande chance na vida financeira daqueles que acreditam que podem enriquecer. O livro, através do comparativo entre investimentos demonstra claramente como somos iludidos diariamente pelos bancos, desperdiçando para nós mesmos, oportunidades de investimento que eles querem apenas para si próprios.

Ler a "Fábrica de Milionários" pode ser a sua grande chance de se libertar da escravidão dos investimentos bancários medíocres, e ingressar no mundo milionário dos investimentos sofisticados que tem feito de pessoas comuns, milionários felizes e independentes financeiramente.

MARCELO VEIGA

1. VANTAGENS DA BOLSA

"Os ricos não baseiam as decisões de seus negócios na lei das probabilidades. Eles baseiam seus pensamentos e decisões na lei das possibilidades."

O Objetivo desta obra é popularizar o investimentos em ações e democratizar o acesso ao investimento na Bolsa de Valores mostrando suas enormes vantagens financeiras em relação aos limitados produtos de aplicações bancárias.

Faremos uma abordagem dos principais serviços financeiros oferecidos pelos bancos, de forma que você possa falar de igual para igual com seu gerente e acima de tudo, entender as vantagens do investimento em Bolsa em relação e eles.

Abordaremos como abrir conta em uma corretora, saber as diferenças entre elas, conhecer os principais produtos financeiro na Bolsa de Valores, aprender como buscar informações sobre empresas boas para se investir, entender sobre Fundos Imobiliários e sobre Ações, conhecendo todas as etapas básicas para conseguir operacionalizá-los.

Para isto vamos precisar entender os princípios que regem estes investimentos, para que possamos operar corretamente com ações. A seguir mostraremos um gráfico famoso no mercado financeiro, sobre os movimentos de longo prazo do Ibovespa denominado em dólares, o índice da Bolsa de Valores que traz importantes revelações.

Este gráfico é baseado em dólares para que não sofra efeitos da inflação e possamos ter uma real avaliação de seu movimento. Como se pode notar, ele mostra dados desde 1963 até 2015 onde nós podemos perceber claramente uma inclinação positiva, fato que não é surpresa para ninguém, pois é algo que ocorre em todos os países e todas as Bolsas de Valores do mundo inteiro. A tendência de crescimento dos mercados é uma constante em todo o mundo revelada pelo crescimento da economia de todos os países.

Nos Estados Unidos esta tendência é ainda mais pronunciada mas ela se reflete no mundo inteiro e isto nos trás uma noção extremamente importante para todos aqueles interessados em ações e em investimentos em bolsa, que é exatamente o investimento de longo prazo. Este é um dos mais importante princípios para o investidor de Bolsa de Valores, trata-se de um investimento onde para se enriquecer é preciso pensar e investir para longos períodos de tempo, geralmente a partir de 5 anos.

A importância deste princípio está no fato de que a tendência dos mercados é de crescimento positivo, mas no curto prazo a Bolsa de Valores sofre altos e baixos constantes que por vezes são acentuados, tanto para cima como para baixo. Mas como veremos a frente, as estratégias de enriquecimento precisam ignorar esta volatilidade, escolhendo as empresas a se investir pela sua capacidade de gerar lucros e sua boa governança corporativa para se obter lucro ao longo do tempo.

O dia a dia dos mercados é um verdadeiro passeio de montanha russa, reservando grandes emoções, mas o investimento em bolsa para que está bem informado, faz muito sentido, pois ele espelha o crescimento de empresas excepcionais, não se tratam de qualquer empresas mas empresas capacitadas a operar neste mercado justamente por suas competências, apesar de ser preciso estar sempre monitorando seus desempenhos.

O demonstrativo do desempenho do gráfico é indiscutível em

se tratando de investimentos, tendo feito a fortuna de milhares de pessoas no mundo inteiro. No Brasil nossa bolsa é jovem, desconhecida e pouco explorada, reservando oportunidades maravilhosas para aqueles que se propuserem a explorá-la como tantos estrangeiros que a consideram um dos melhores mercados do mundo para se investir, devido ao sua elevada perspectiva de crescimento.

Apesar de seu elevado stress no curto prazo, no longo prazo a Bolsa de Valores, esta "Fábrica de Milionários", promete e cumpre o que se propõe, que é gerar riqueza para seus acionistas. Enquanto nos Estados Unidos metade da população, cerca de 100 milhões de pessoas investem na bolsa, no Brasil apenas 600 mil pessoas o fazem. Pior do que isto é o investidor de ações no Brasil ser visto como louco ou como um jogador de cassino, por total desconhecimento da população das benesses da Bolsa de Valores para seus acionistas.

Para que possamos entender estas vantagens precisamos primeiro conhecer os outros tipos de investimentos que nos são oferecidos pelas instituições financeiras do país, os bancos, para que possamos compreender as diferenças entre a bolsa e estas aplicações.

Para isto vamos analisar cada um dos produtos hoje no mercado, para que você possa saber quanto e como eles rendem de juros e quais suas vantagens e desvantagens, para que você perceba porque investidores sofisticados sabem que aplicações de bancos não enriquecem ninguém, mas investir na bolsa sim. Apenas é preciso conhecer seu funcionamento e suas estratégias corretas.

Quando se fala em Bolsa de Valores, temos que considerar em um primeiro momento, dois tipos de investimentos, os "fundos imobiliários" e as "ações", que são os dois principais tipos de ativos listados na bolsa que abordaremos. A ideia de trazerem os fundos imobiliários para a bolsa trouxe um série de vantagens ficando muito mais fácil o acesso a eles e aumentando sua liquidez.

Nós temos hoje em 2016 mais de 100 fundos imobiliários na bolsa e mais de 300 empresas listadas negociando ações. Esta quantidade depende do momento que a economia do país esta passando, podendo aumentar através de IPOs, que são as ofertas iniciais de uma empresa para seu ingresso na bolsa, a abertura de seu capital para o mercado de acionistas.

Conforme o Brasil vai crescendo a tendência é que venhamos a ter 1.000, 5.000 ou mais empresas no futuro operando na bolsa. Os Estados Unidos hoje possuem cerca de 4.000 empresas com capital aberto para acionistas. Quanto mais empresas em uma bolsa, mais opções de investimentos. Você pode conhecer o site da BMF&Bovespa, no seguinte link aqui.

O Mercado de Ações tem tudo a ver com você

A oportunidade de se investir hoje em 2016 em ações da Bolsa de Valores no Brasil, tornou-se realidade em função da maturidade da internet com suas conexões em alta velocidade, o que nos fez ingressar na Era da Hiperconectividade, também chamada de

4ª Revolução Industrial, depois da 3ª, que foi a Era da Informação.

Outro fator que contribui é a maturidade da economia brasileira, apesar do mau momento político após o fim da Era PT e dos governos Lula e Dilma. Mesmo assim, nossa economia está mais sólida, apesar da baixa atual, pois elas são cíclicas, e o Brasil hoje é um dos mais promissores mercados para se investir no mundo, devido aos recursos naturais disponíveis, o tamanho de suas terras, do seu povo e da própria carência de serviços que abre campos imensos de desenvolvimento.

Nossa Bolsa de Valores está entre as maiores do mundo e é líder na América Latina. Ela é jovem, foi criada em 2008 com a integração da BMF (Bolsa de Derivativos) e da Bovespa (Bolsa de Ações). Atualmente ela é a única Bolsa de Valores mobiliários do Brasil. Ela possui posição destacada entre as maiores bolsas do mundo em valor de mercado e é a segunda no ranking das Américas desde 2012.

Desde sua estréia na internet através de sites de corretoras, pelas plataformas operacionais chamadas "homebrokers" muita coisa mudou. Estas plataformas se desenvolveram, estão recebendo aprimoramento constante e são responsáveis pela democratização do acesso a investimentos sofisticados que rendem centenas de vezes mais que os tradicionais produtos bancários que são oferecidos pelos gerente dos bancos.

As oportunidades são tão novas, recentes e grandiosas que entre os anos de 2001 e 2007, campanhas publicitárias da

BMF&Bovespa fizeram com que seu número de investidores no período passasse de 76 mil para 456 mil. Um aumento de 595% em pouco mais de 5 anos.

A falta de Educação Financeira da maioria dos brasileiros, que não aprendem sobre o tema nem em casa nem na escola, não pode afastar da bolsa aqueles que sonham em um dia enriquecer. Trata-se do local onde mais milionários são produzidos no mundo. Muitos começam com pouco mas a consistência dos aportes financeiros, somada a disciplina do reinvestimento dos dividendos tem feito milhares de milionários felizes e anônimos.

Durante muitos anos a bolsa foi um ambiente elitista, mas a necessidade de crescimento aliada à ferramentas de popularização como a internet, tem aberto suas oportunidades para um público que a desconhecia completamente.

As pessoas precisam apagar de seus preconceitos, a ideia de que a bolsa seja algo com um cassino. Esta fama se deve a inúmeros especuladores sem conhecimento financeiro que por alguns momentos acharam que estavam ganhando muito e rápido na bolsa, mas não levando em consideração seus altos e baixo, investiam da forma errada, vindo a perder muito dinheiro.

Investir na bolsa requer conhecimento especifico, orientação técnica e saber obter informações precisas e confiáveis. Por ser um ambiente financeiro novo e desconhecido por muitos, diversos tipos de profissionais desonestos se interpõe entre os novatos e o enriquecimento real, fingindo-se de bons profissionais quando na verdade são lobos fantasiados de ovelha.

Como pretendo demonstrar neste livro, como advogado, jornalista e consultor para investimentos financeiros, e sempre dedico especial parte de meus livros sobre o tema, é a importância do fornecimento de informação confiável sobre em quais empresas investir, sem isso ninguém tem sucesso na bolsa.

Os novatos como eu já fui um dia, acham que vão encontrar estas dicas em revistas sobre economia, ou com os consultores das corretoras. Estes profissionais oferecem suas dicas patrocinados por bancos, pelas próprias corretoras ou pelas empresas que querem vender as ações, ou seja, não são dicas confiáveis, e muitas vezes pode se perder fortunas com eles. Mas existem as fontes corretas e vamos analisá-las em detalhes adiante.

5 Passos Para Investir Na Bolsa

1 – Tenha sempre em mente: "Ao longo da história o crescimento do mercado de ações é sempre positivo, mesmo com oscilações ou crises".

2 – Aproveite a juventude da Bolsa de Valores brasileira e seja um pioneiro do investimento nesta oportunidade única.

3 – Invista na sua Educação Financeira e conheça tudo sobre dinheiro e investimentos.

4 – Não confie seu dinheiro a gerentes de bancos, corretores, administradores de fundos ou consultores financeiros.

5 – Aprenda a investir sozinho, por conta própria, você pode.

2. MUDANDO SUA RELAÇÃO COM O SEU BANCO

"A maneira como os bancos ganham dinheiro é tão simples que chega a ser repugnante". – John Galbraith

Minha experiência em investimentos, eu posso dizer que não se deu por vocação especificamente, mas por necessidade. Tenho um currículo de vida com base empreendedora, avesso a rotinas de empregos e motivado por desafios e resultados.

Neste caminhar várias vezes fiz bastante dinheiro e sem entender sobre Educação Financeira, sem conhecer outros tipos de investimentos que não os oferecidos pelos bancos, até praticamente minha meia idade, eu não tinha plantado nada para minha aposentadoria, muito menos para minha tão sonhada riqueza pessoal.

Logo depois de me formar em direito, quando abri meu escritório de advocacia, comecei a administrar patrimônio de terceiros e me vi tendo que gerenciá-los a contento de seus proprietários, quando percebi a grande responsabilidade envolvida em um mercado econômico e em um sistema capitalista de altos e baixos os quais poderiam comprometer minha idoneidade quanto a boa administração destes recursos.

Foi quando senti a necessidade de me aprofundar na prática de investimentos sofisticados e iniciei meu estudos financeiros mais específicos, me especializando no direito empresarial, tributário e em finanças, com a grata oportunidade de ter a disposição estes recursos de terceiros para fazer experiências de investimentos que me foram essenciais em meu aprendizado sobre Educação Financeira.

Foi um dos períodos mais edificantes de minha vida onde pude me dedicar ao estudo sistemático sobre finanças e investimentos os quais me permitem hoje compartilhar estas informações em livros e cursos.

Minhas primeiras impressões ao começar a adquirir estas habilidades foi perceber como gerentes bancários não entendem nada sobre investir dinheiro, mas apenas de lhe tentar empurrar produtos que seus patrões os obrigam, em troca de comissões em seus salários. Obviamente eu como investidor é que não estava ganhando o melhor quinhão destas aplicações.

Como consultor jurídico e financeiro tenho sido conselheiro dos mais variados perfis de pessoas que não sabem como investir melhor seus recursos, desde empresários, médicos, engenheiros, administradores, profissionais autônomos, simples herdeiros de fortunas e até mesmo outros advogados, promotores e até juízes de meu relacionamento pessoal, cujas especialidades eram dentro de suas profissões e não na área de investimentos.

Estas pessoas são muito capacitadas em suas áreas de atuação, mas quando o assunto é investimento eles sabem que são completamente leigos. Por isso a ideia deste livro e do curso, é exatamente democratizar as dádivas dessas informações.

Acontece que cumprindo alguns passos fundamentais, qualquer um consegue acumular patrimônio e até ficar rico. É claro que em apenas um livro ou curso, você não vai se tornar um investidor profissional completo, mas você vai adquirir conhecimento suficiente para tomar decisões importantes para a construção do alicerces da sua riqueza e aplicar elas de forma efetiva.

Para isso eu inicio o estudo, antes de entrarmos especificamente em saber como realizar investimentos em Bolsa de Valores, sobre uma abordagem necessária a respeito da relação que temos com nossos investimentos tradicionais, e com o gerente de nosso banco, mostrando porque para conseguir se fazer bons investimentos temos que mudar essa relação antes de tudo.

Para que possamos aprender a falar de igual para igual com nosso gerente de banco, vamos precisar entender nossa relação com ele e conhecer os produtos que os bancos nos oferecem. Vamos precisar compará-los com os investimentos sofisticados da Bolsa de Valores, de imóveis, entre outros para que você perceba o quanto está deixando de ganhar investindo apenas em produtos bancários.

É preciso saber onde investir fora do sistema dos bancos, a maioria das pessoas acha que somente através deles é que podemos fazer investimentos quando na realidade existem diversas outras alternativas.

Por fim falaremos como abrir uma conta em uma corretora, como começar a investir em ações e também como investir em fundos imobiliários que é outra modalidade muito lucrativa de investimento cujo o acesso também se dá através da Bolsa de Valores.

Por último abordaremos "Fatores Extras" que fazem toda a diferença para quem se interessa em aprofundar seus conhecimentos sobre Educação Financeira, investimentos sofisticados e sobre as fontes de informações para saber escolher em quais empresas investir comprando ações.

A seleção dos assuntos abordados neste livro, foram escolhidos de acordo com as dúvidas que me tem sido trazidas ao longo do meu trabalho como consultor, ou por minhas próprias ao longo de meu aprendizado, de forma que possa esclarecer melhor o seu caminho na busca de conhecimento suficiente para se tornar um investidor autônomo.

Esta é a promessa deste livro, de que você se torne um investidor independente, que não dependa de gerentes de bancos, consultores e corretores financeiros ou dicas de revistas, jornais e amigos para fazer seus próprios investimentos de forma assertiva e lucrativa.

Cultura do Dinheiro no Brasil

Em uma reportagem veiculada pelo site Valor Econômico em 06 de março de 2015, temos o seguinte título e assunto que não deixa de ser para o candidato a investidor sofisticado, um grande incentivo, "Envelhecer sem recursos financeiros assusta mais do que a morte":

Envelhecer sem recursos financeiros assusta mais que a morte

Por Renato Bernhoeft | Para o Valor

SÃO PAULO - Pesquisas recentes relativas à equação entre previdência e longevidade mostram índices assustadores na forma como as pessoas se preocupam com a possibilidade de envelhecer sem os devidos recursos financeiros.

Os estudos indicam uma preocupação crescente entre os que estão na meia-idade — na faixa dos 40 anos — e ainda não se planejaram para garantir reservas que permitam um envelhecimento tranquilo.

Um dado significativo revelado pela reportagem é que os pais se sentem fracassados em não deixar herança para os filhos ou em se tornar um fardo financeiro para eles.

A verdade é que as dificuldades financeiras do brasileiro são uma questão cultural. Nós não recebemos qualquer tipo de Educação Financeira na escola, na faculdade e na família, até mesmo cursando administração ou economia, aprende-se muita teoria mas sobre investimentos, ainda falta muita instrução neste sentido.

Esta falta de conhecimento formou uma mentalidade nacional de achar que, primeiro precisamos ganhar dinheiro para depois investir ou aprender a investir, quando na verdade ambos precisam acontecer simultaneamente, seja ganhando pouco ou muito, porque a fortuna se faz do pequeno investimento feito com constância, fato que também gera o conhecimento específico que forja os grandes investidores.

Outra péssima consequência da desinformação financeira foi o hábito criado pelo brasileiro em confiar seu dinheiro ao gerente bancário estendendo este relacionamento aos supostos níveis da amizade, por conferirmos a estes profissionais atributos que eles não possuem.

Convencionou-se considerá-los as supremas autoridades no quesito cuidar de nosso dinheiro, pelo fato de solucionarem muitos pequenos problemas do dia a dia bancário, por acharmos que eles cuidam do dinheiro de tanta gente, vendo passar sob seus cuidados o nosso dinheiro e o dos ricos, dando a entender que sabem muito a respeito para aconselharem os que tem mais.

Porém o que não sabem aqueles que não tem Educação Financeira, é que o ricos não guardam dinheiro nos bancos nem nas aplicações bancárias, senão muito pouco, mas sim nos mesmos investimentos sofisticados que os próprios banqueiros investem, e assim a maioria absoluta dos brasileiros pobres e de classe media, fazem destes profissionais facilitadores do dia a dia bancário, seus verdadeiros assessores financeiros, quando na verdade eles não são.

Mudando Esta Relação

Todo gerente de banco vive de metas que precisam ser cumpridas, determinadas pelos bancos para o qual trabalham. Por sua vez os bancos possuem segmentos chamados de varejo e de alta renda. O varejo são as contas comuns e a alta renda seriam as contas premium, personalité, prime, etc.

Em ambos os segmentos os produtos oferecidos por estes bancos, todos eles, são compostos de aplicações financeiras consideradas de qualidade péssima, fraca ou na melhor das hipóteses intermediária.

Nenhum deles são considerados produtos sofisticados ou baratos para o cliente e é exatamente nestes segmentos de varejo e alta renda onde existe esta grande parcela da população com enorme capacidade de migrarem dos chamados investimentos fracos, para os investimentos sofisticados do universo da Bolsa de Valores e afins, como comodities, ouro ou câmbio entre outros e consequentemente, fazerem fortuna, como muitos tem feito.

O consenso institucional comum é de que uma pessoa rica seja alguém que tenha 1 milhão de dólares em investimentos, o que com a defasagem do câmbio deixa quem tenha 1 milhão de reais muito distante da qualidade de rico.

Mas apesar do fato, de que quem alcança este patamar, passa para a privilegiada classe dos 1 % mais ricos do mundo, um milhão de dólares para muitos é considerado apenas o ingresso no clube dos ricos porque a virtude de ser milionário significaria ter muitos milhões e não apenas um.

Além de um milhão de reais mal permitir que alguém se aposente dignamente, do ponto de vista dos bancos alguém que tenha um milhão de reais não é considerado um milionário. Hoje, para alguém ser considerado um milionário por um instituição bancária, por um private banking, é preciso ter pelo menos três milhões de reais livres para investimento, no mínimo. Não se considera neste montante bens como casa ou automóvel.

A partir deste patamar, se consegue um atendimento diferenciado, apesar de ainda limitado, face aos investimentos chamados sofisticados, mas a partir daí, pode-se obter produtos de melhor qualidade.

O foco do livro "Fábrica de Milionários – Bolsa de Valores para Leigos" é exatamente este público, entre quem não possui nenhum tipo de investimentos até que tem até cerca de uns dois milhões de reais. São estas pessoas que em sua maioria, ficam reféns do bancos por não conhecerem nada sobre investimentos sofisticados.

É exatamente para este público, refém dos bancos, chamados de "Pobres Milionários", que foram reunidas as dicas do livro. São para estas pessoas que possuem algum recurso ou estão começando a juntá-los, que pretendo demonstrar como pessoas comuns, que já produzem algum dinheiro, seja no emprego ou qualquer trabalho, estão tão próximos da riqueza sem fazerem a menor ideia disso.

Os ricos costumam dizer que a única maneira de se ganhar dinheiro com bancos e tornando-se acionistas deles. E eles estão cobertos de razão pois os bancos sabem ganhar dinheiro, mesmo nas crises batem recordes de faturamento ano após ano, sendo um dos setores mais procurados para se investir em ações.

Apenas para citar o investimento bancário mais famoso, considerado a queridinha dos brasileiros, a poupança, ela sequer consegue acompanhar a inflação, seu rendimento é muito baixo, seu dinheiro fica parado, ele não está investido em nada, poupança nunca foi investimento, e deixar dinheiro parado, ele está desvalorizando ao longo do tempo.

Existem outras aplicações, seja no banco ou através das corretoras de Bolsa de Valores, onde é possível conseguir rendimentos superiores ao da poupança e com risco similar.

Qualquer investimento indexado pela Selic, que é a taxa de

juros básico no Brasil, ou um título do governo, já é possível conseguir rendimentos cerca de 10% maiores do que o da poupança, ou seja, um vantagem expressiva, mas todos, considerados investimentos fracos e inexpressivos se cogitados em uma perspectiva de enriquecimento.

Alguns bancos, cientes desta mudança de mentalidade que se anuncia com a disseminação da informação online, estão tentando mudar esta relação entre gerentes e clientes, separando dos gerentes que resolvem problemas do dia a dia, de gerentes de investimentos.

Muitos deles ficam circulando pela agência em busca de clientes com potencial mais elevado para oferecer produtos mais rentáveis. Mas lembre-se, mesmo com esta mudança de postura gerencial, estes gerentes especiais vão sempre estar lhe oferecendo produtos bancários, que sempre serão fracos ou medianos face a tantas outras possibilidades seguras de investimentos, muito mais rentáveis.

Os bancos se aproveitam do fato de terem um volume muito grande de clientes, que muitas vezes por comodidade, não buscam outra alternativa para investir, e oferecem produtos maquiados de bons investimentos, pegando o seu dinheiro e investindo nos mesmos investimentos sofisticados do ambienta da Bolsa de Valores, onde ficam com todo o lucro para eles, lhe devolvendo apenas as migalhas. E assim clientes convencionais que não tem milhares de reais para investir, ficam restritos apenas a produtos inferiores

Via Única De Enriquecimento

Existem apenas três maneiras de ficar rico que são: (1) ganhar muito mais do que se consegue gastar, (2) gastar menos do que se ganha, ou (3) investir regularmente independente do quanto você ganha. Como ganhar mais do que precisa para gastar são casos raros ou de herança, e gastar menos do que se ganha significa grandes sacrifícios ou excesso de tempo para que surta efeito, a única via segura de enriquecimento garantido para a maioria absoluta das pessoas é separar parte significativa do que se ganha e investir de maneira contínua, sabendo aproveitar todas as melhores ofertas de rendimentos possíveis.

Para isto é preciso ter a disciplina de fazer isto com recorrência. E para se alcançar isto o mais indicado é que não seja com sacrifícios, eles sempre falham, mas usando técnicas como as abordadas em meu livro "Só Não É Rico Quem Não Quer", onde falo em "pagar-se primeiro" e "investimentos automáticos".

Nas centenas de pesquisas que fiz como jornalista, em livros ou entrevistas sobre pessoas bem sucedidas financeiramente que enriqueceram trabalhando, é unanimidade entre todos o fato de terem tido disciplina para investir mesmo que pouco mês a mês, reinvestindo os dividendos de investimentos sofisticados, para que hoje estejam ricos.

Não desperdiçaram um centavo sequer da possibilidade de fazer render mais seus recursos e para isso aprenderam cedo a fugir de investimentos bancários.

Dever de Casa # 1

Todas estas pessoas, que ficam realmente ricas desta forma ao se aposentar, todos tiveram disciplina, mas para isso eles sabem poupar e investir todo mês, e a única forma de se alcançar este objetivo é controlando minuciosamente suas receitas e suas despesas, através das famosas planilhas eletrônicas, sem as quais ninguém fica rico.

Você não precisa ter muito para começar a investir, o que importa é a constância com que você separa parte da sua renda todo mês para aplicar. É possível começar com R$ 100 reais. O que define seu enriquecimento é o quanto você consegue separar mensalmente de forma religiosa, sem falhar. São estas pequenas quantias constantes bem aplicadas rendendo juros compostos, com dividendos reinvestidos, que formarão sua fortuna muito mais rápido do que você possa imaginar.

As informações que você receberá neste livro são essenciais, mais o resto é com você. Da minha parte eu tenho o dever de compartilhar estas informações que não são ensinadas nas escolas. Faço isso com muito empenho pois sei que estou fazendo o bem para as pessoas em uma área de suas vidas que considero entre as mais importantes, com consequências que podem ser positivas em diversas outras.

Mas os resultados práticos disso depende muito de quem está lendo estas informações. Pobreza e dívidas são doenças avassaladoras mas tem cura, e quando você segue a receita certa o alívio logo aparece, melhorando no dia a dia, tornando-se um hábito que o fortalecerá para sempre e disseminará prosperidade para muitos. Vai depender apenas do que você fará com as informações que está recebendo.

Muitas pessoas me procuram, alguns para receber consultoria mas a partir daí, se a pessoa não praticar, de nada adiantarão as recomendações. Tão importante quanto ler um livro ou participar de um curso ou treinamento, é praticar o que está aprendendo. Ter ou comprar informação e não usá-la, não adianta de nada, o resultado do enriquecimento na sua vida dependerá da sua ação.

Estratégia

A partir do momento que você já está fazendo seu controle de receitas e despesas, é importante que você inclua nas despesas prioritárias os investimentos financeiro e a Educação Financeira. Eu tenho gasto ao longo dos últimos anos em que iniciei minha jornada rumo ao enriquecimento, grandes quantias em livros e cursos, que apesar de constarem em minhas planilhas como despesas, tem sido os maiores investimentos que já fiz em minha vida. Dinheiro se ganha mas eventualmente também se perde, mas conhecimento jamais, estes vão conosco para sempre.

Você precisa separar que seja 500 ou 1 mil reais no mínimo mensalmente para investir na sua aposentadoria e riqueza. Todo mundo sabe ou tem um exemplo em família das péssimas condições que se tem no Brasil com a aposentadoria do governo.

Toda esta solução, começa com o controle financeiro de uma planilha simples, duas colunas com receitas e despesas, apenas isso. Você precisa controlar os seus gastos e você precisa investir de maneira habitual com assiduidade.

Relembrando uma frase do corredor de formula 1 Ayrton Senna poderemos entender melhor a jornada de um investidor cuja meta e objetivo seja a bandeirada final da riqueza e prosperidade, onde ele diz:

"Se estamos competindo, o estamos fazendo para ganhar. Nossa motivação não é chegar em 3º, 4º ou 5º e se você não for em busca de qualquer lacuna que exista, você não é mais um piloto de corrida. As vezes você pode até errar mas tem que correr para vencer certo de que esta fazendo a coisa correta".

Nos nossos projetos de vida, no caso, nos nossos investimentos, na construção do nosso patrimônio, nós estamos competindo contra nós mesmos, por isso se não lutarmos por cada centavo, nunca cruzaremos a linha de chegada da riqueza, nunca seremos milionários. As pessoas que atingiram o sucesso financeiro, elas tem o hábito de lutar por cada espaço, cada centavo e cada instante de tempo. Tempo é um dos nosso maiores ativos, não o desperdice.

Portanto este é o compromisso da "Fábrica de Milionários – Bolsa de Valores para Leigos", te abastecer de todas as informações necessárias para você entender sobre investimentos o suficiente para poder operar com ações na Bolsa de Valores.

Seu sucesso dependerá somente da sua força de vontade, não estou aqui para falar o que você pensa que gostaria de ouvir, mas o que você precisa ouvir e o que as instituições bancárias não gostariam que eu revelasse. Sou um autor independente, não sou patrocinado, não aceito sugestão de matérias, temas, muito menos escrevo matérias pagas.

Meus sucesso financeiro não depende de escrever livros. Meu único retorno neste trabalho é apenas o custo mais barato que um livro digital possa ter, mas acima de tudo, a satisfação de poder saber que ajudei mais alguém a se libertar da escravidão moderna da falta de Educação Financeira, ajudando-o a caminhar para se tornar mais um milionário.

5 Passos Para Mudar Sua Relação Com O Seu Banco

1 – Saiba mais do que o seu gerente de banco, ele é apenas um empregado, você é um investidor

2 – Conheça todos os lugares para se investir fora de seu banco, você vai se surpreender com a quantidade e com o percentual dos rendimentos.

3 – Entenda o que é e deixe de ser um "Pobre Milionário".

4 – Perceba o quão próximo você está de entrar para o clube dos 1% (um por cento) mais ricos do planeta.

5 – Comece "HOJE" a separar automaticamente dinheiro para sua aposentadoria e riqueza, investindo e adquirindo Educação Financeira.

3. ENSINANDO O SEU GERENTE

"Seu gerente não entende nada de investimentos. Demita-o!"

Uma vez entendendo a importância de mudar a sua relação com o banco, o valor de se controlar receitas e despesas, a separar todo mês uma quantia para investimentos e Educação Financeira, o ideal é que agora você possa falar de igual para igual com o gerente do seu banco.

Por isso vamos analisar de forma sucinta apenas os principais produtos bancários, para que acima de tudo você saiba porque eles não são investimentos e quando são, porque são da baixa qualidade. Entre eles se encontram hoje a Poupança, Compromissadas, CDB, Fundo DI, Títulos de Capitalização, Consórcio, Fundos de Investimentos, Renda Fixa, Multimercado, Indexados, PGBL e VGBL.

Para quem começa a aplicar dinheiro em outras investimentos como o Bolsa de Valores, as aplicações bancárias tornam-se necessárias para aplicações de quantias que precisam de liquidez imediata, seja para compra de boas oportunidades em ações, ou para emergências pessoais, pois a bolsa é para aplicações de longo prazo e nem sempre tem liquidez imediata.

Poupança Nunca Mais

A poupança é a queridinha dos brasileiros desinformados e pobres. Ela tem sido imposta atrelada a conta corrente, com atributos ilusórios como segurança e facilidade de depósito com saque diário. Ela sequer rende juros todo dia, gerando lucros apenas no aniversário sobre o montante parado durante todo o mês. Ela não serve para aplicações de curtíssimo prazo.

Geralmente o rendimento da poupança fica entre 0,5 e 0,7 ao mês, e a baixa rentabilidade tem sido a grande desvantagem desta "dita" aplicação que não pode ser considerada um investimento, já que ela não consegue acompanhar nem ao menos a inflação.

Em outras palavras, colocar dinheiro na poupança é perder dinheiro todo mês.

Títulos de Capitalização

O Título de Capitalização não passa de um jogo de loteria e rende ainda menos do que a poupança. Somente uma parte do valor é rentabilizado, o restante é para custear o sorteio, você é penalizado se desistir ou atrasar, as tarifas e alíquotas sobre eventuais prêmios são altas e é melhor você jogar na loteria do que perder seu dinheiro nele.

Consórcio

O consórcio tem taxas de administração mensal altíssima em torno de 15%, taxas de entrada, fundos de reserva e penalidades por desistência ou atraso entre outros custos, que o torna um excelente negócio apenas para o administrador. As taxas de juros tem como referência a Selic. Ambos oscilam próximos um do outro apesar de serem diferentes. A Selic regula as operações financeiras entre o Banco Central e os demais bancos, e o CDI apenas entre os bancos

Entendendo As Aplicações Financeiras

Grande parte das aplicações bancárias tem com referência a Taxa Selic e o CDI. O CDI é muito utilizado para comparar os produtos financeiros

Como as taxas de juros variam muito no Brasil, costuma-se comparar as aplicações não em um valor absoluto mas sempre atrelado a um percentual do CDI, sendo a maneira de podermos saber se uma aplicação é interessante ou não.

Compromissada

O produtos financeiros no Brasil costumam variar muito entre um e outro em suas características, e entre elas está a sua tributação, porém é importante que você tenha em mente que eles acabam oscilando pouco em rentabilidade entre um e outro, sempre próximos as taxas oficiais de juros do governo como a Selic e o CDI, que praticamente, apenas acompanham a inflação, não podendo jamais serem considerados bons investimentos.

As aplicação bancárias visam perder menos, porque mesmo acompanhando a inflação oficial quem aplica nestes produtos inexpressivos, está perdendo muito se considerar o que poderia estar ganhando com investimentos sofisticados. A Compromissada é um titulo emitido pelo Banco geralmente isento de imposto, o IOF, e pode ter uma rentabilidade progressiva na medida que você não mexer no dinheiro. Sua vantagem é a liquidez. Um dos seus problemas é não ser garantida pelo FGC, o Fundo Garantidor de Crédito (até 250 mil reais).

Ela é um produto tipicamente bancário onde geralmente você encontrará taxas melhores, em bancos pequenos. Desconfie, bancos quebram e por isso neste produto pode ser interessante ganhar menos mas estar em um banco forte.

CDB

Este produto, chamado Certificado de Depósito Bancário, é parecido com a Compromissada mas tem incidência do IOF regressivo, por isso é interessante deixar o dinheiro parado mais tempo. A taxa que o banco oferece varia muito de acordo com o valor aplicado, bem como a carência e o vencimento. Ele é um produto garantido pelo FGC, o Fundo Garantidor de Crédito (até 250 mil reais) e ele tem um prazo de vencimento que quando terminar você tem que resgatar o dinheiro para aplicar de novo.

Tributação

Para enriquecer em qualquer país, é fundamental entender sobre tributação, elas podem fazer toda a diferença entre ficar rico ou não. Quando estamos a procura de pequenos percentuais de renda sobre investimentos, a tributação sempre representa fatias grandiosas no longo prazo.

Lembre-se sempre que preocupar-se com a tributação, em nenhum momento significa sonegar, mas aproveitar-se dos "incentivos fiscais". Os ricos entendem bem disso e sabem tirar proveito deles. A maioria dos produtos de Renda Fixa, a Compromissada, o CDB, os Fundos Referenciados DI, os Fundos Multimercado, e os Títulos do Tesouro, eles obedecem a uma tabela de imposto regressiva sobre o lucro, que inicia com 22,5% até 180 dias, caindo gradativamente até chegar em 15% acima de 720 dias.

Come-cotas

Este é um terceiro tipo de tributação que incide principalmente sobre os Fundos de Investimento, além do IOF e da Tabela Regressiva. Perceba que além das aplicações bancárias terem rendimentos inexpressivos, elas ainda são taxadas pesadamente pelos impostos, muitas vezes automaticamente a cada semestre, no final de maio e de novembro, descontado diretamente da sua conta, por isso chamados "Come-cotas".

Mais adiante, quando falarmos nas vantagens dos investimentos sofisticados, veremos que a baixa tributação ou ausência total dela é uma constante entre eles. Um estudo mais aprofundados sobre impostos, deixa claro que eles foram criados para taxar apenas os pobres e beneficiar quem tem muito dinheiro. Portanto, caso opte por deixar dinheiro parado em banco, corrigido por aplicações, no longo prazo, utilizar-se de um produto sem "Como-cotas" pode ter um significado expressivo no seu rendimento.

Ao longo desta exposição sobre os principais produtos bancários, você vai notar que apesar de suas diferenças significativas entre elas, mesmo variando, nenhuma delas consegue vencer a inflação. Mais adiante quando conhecermos os percentuais de renda de bons investimentos, você perceberá porque os ricos deixam em banco apenas o necessário para emergências ou para reinvestir. A diferença de renda e de oportunidades reais de enriquecimento entre o Mercado de Ações e os produtos bancários é gigantesca.

De que lado você quer investir? No dos pobres os dos banqueiros? Porque nunca lhes contaram isso? Porque interessa ao sistema financeiro que os pobre continuem colocando seu dinheiro no banco com baixo retorno para que os banqueiros lucrem. Não interessa a estes patrocinadores de governos, que o sistema educacional tire os pobres da ignorância financeira. Se você quer ser milionário um dia, precisa antes aprender a lutar por centavos porque ao longo do tempo isto faz uma diferença muito grande.

Seu Banco E Você

Todos os bancos são altamente suscetíveis a quantia que você tem para investir com eles. Quanto mais recursos você tiver, terá acesso a produtos melhores, sendo que os bancos de maior porte, são sempre menos competitivos em termos de rentabilidade porque eles se valem da grande presença no mercado nacional e da sua solidez.

Enquanto bancos como Itaú, Bradesco, Banco do Brasil e Caixa lhe oferecem uma rede de agências e caixas eletrônicos maior, bancos como Santander, City e HSBC precisam ser mais atrativos em termos de investimentos para atrair mais clientes, oferecendo rentabilidade em CDBs, Compromissadas ou Fundos de Investimentos melhores que os demais bancos e taxas de administração inferiores. Apenas com exemplo, se você tiver duas contas, uma em um banco grande e outra em um menor, você pode deixar a do grande para conta corrente e a outra para investimentos, lembrando sempre que se o banco for muito menor, você não estará tão seguro. Uma vez que os Bancos são altamente sensíveis ao valor que você tem investido com eles, ter conta em mais de dois bancos não é um bom negócio, torna-se ineficiente.

Outra coisa que é importante, com a tendência de digitalização dos bancos, diminuindo o número de agências e empregados, é estar sempre bem conectado a internet, com segurança e velocidade. Alguns bancos já andam oferecendo taxas ainda melhores para investimentos online do que fazendo diretamente com o gerente.

Conhecer bem a interface de seus bancos e corretoras de investimento, poderá se tornar uma tarefa árdua se você abrir demais o leque de opções. Conhecer bem cada uma demanda tempo, e isto só é recomendável a nível de conhecimento para escolha da plataforma que você se adapta melhor. Uma vez escolhida, fique com no máximo dois bancos e duas corretoras. Lembre-se que uma vez você entrando de cabeça na vida de investidor, todo seu acesso aos diversos investimentos será online, portanto desenvolver seu senso de organização digital, guardando informações e principalmente links, irão facilitar seu dia a dia, para não dizer que não fazendo isso, será impossível enriquecer.

Fundos de Investimento

A ideia do Fundo de Investimento é ser um condomínio de recursos que gere vantagens por isso, como ganho de escala, acesso a diversos ativos, ter uma gestão especializada e obter liquidez. Existem fundos que são especializados em determinados tipos de ativos e precisamos ter sempre em mente, que todos os fundos cobram taxas de administração que costumam ser altas, tornando-os bons negócios apenas para seus gestores. Porque investir em Fundos se você pode fazer seus investimentos sozinhos, diretamente operando na bolsa?

É preciso tomar muito cuidado com fundos. Investidores sofisticados não gostam deste produto desde seu nome que remete a fundo de poço. Os bancos gostam de vestir este fundos com nomes pomposos, tipo Hiper, Max, Super, Premium, Multimercado, Referenciados, DI, etc.. mas por trás deles podem estar escondidos grandes riscos e prejuízos.

Se pegarmos como exemplo um dos fundos de renda fixa de um dos maiores bancos do Brasil, o Fundo Indexado DI, em tese, ele aplica em títulos que remunerariam próximos ao CDI, sua aplicação inicial é baixa, R$ 100 reais em contrapartida sua taxa de administração é alta em 3,9% ao ano. Em troca disso, o fundo oferece prêmios. Com taxas de juros de quase 14% ao ano, quase 4% de taxas de administração é muito.

Em outras palavras, se as aplicações bancárias remuneram apenas um percentual do CDI, e você ainda tem uma taxa de administração do fundo de 4%, na prática o fundo remunera a metade do que uma aplicação de Renda Fixa oferece. Talvez ganhe da poupança mas é mais um produto bancário perdedor, a mil voltas atrás do pelotão vencedor dos investimentos sofisticados.

Não faz sentido um rendimento tão baixo em troca de prêmios. Quando você conhecer, nos próximos capítulos, como são grandes as perspectivas de ganhos dos investimentos em ações, imóveis e outros, não se ofenda quando seu gerente lhe oferecer estes micos ou armadilhas, mas sinta-se privilegiado em saber destes pequenos detalhes que fazem toda a diferença entre enriquecer e ficar pobre para o resto da vida.

Se você colher nas informações online do próprio fundo, o valor total aplicado pelos clientes e multiplicar pelos 4% da taxa de administração, verá que o lucro mensal deste fundo para seus administradores, será de algumas centenas de milhões, ou seja, um excelente negócio para o banco, muitas vezes operado por dois ou três funcionários. Ao longo de alguns anos, 4% mensais a mais nos seus rendimentos, farão toda a diferença para que você enriqueça bem mais cedo.

Este é um dos grande motivos que decidi escrever a respeito do tema. Eu fico indignado vendo que a falta da Educação Financeira da população, proporciona a perpetuação de uma indústria financeira que literalmente ilude as pessoas oferecendo produtos maquiados de investimentos, mas que na verdade está tirando seu patrimônio de você e os seus lucros.

O principal fundo dos bancos para competir com as Compromissadas e com os CDBs, são os Fundos Referenciados DI. A composição destes fundos é de 95% de títulos seguros, os títulos federais do governo, por isso a única coisa que difere os diversos fundos deste tipo, nos diversos bancos, será a taxa de administração.

Compromissadas, CDBs ou Fundos DI

Entre os três produtos analisados, o ideal é que as Compromissadas sejam para aplicações de até 1 mês porque não tem a incidência do IOF, sempre sem deixar ainda, de analisar as condições de rentabilidade dela. Já no CDB, o ideal é que você aplique pelo menos por 1 mês, se você resgatar antes, além da incidência do Imposto de Renda, você ainda vai pagar o IOF. O mesmo acontece para o Fundo Referenciado DI, ele é uma aplicação indicada para ser feita sempre a partir de 1 mês. A única objeção ao CDB é que ele tem prazo de validade, ele vence, precisa ser resgatado e reaplicado.

Outra questão a ser considerada é a expectativa de resgate do seu título, quando precisamos analisar se é melhor optarmos por uma aplicação com regime fixo de rentabilidade ou progressivo, tudo vai depender do tempo que você poderá dispor para aplicar este recurso.

Apesar destas serem as principais operações bancárias de investimento no mercado, cada banco vai optar pela qual ele seja mais competitivo e, é questão de saber analisar. O quadro abaixo vai te ajudar um pouco mais a entender e decidir entre uma das três aplicações.

	IOF	Come-cotas	IR regressivo	FGC	Ideal
Compromissada	X	X	V	X	1 dia em diante
CDB	V	X	V	V	mínimo 30 dias
Fundos	V	V	V	X	Mínimo 30 dias

Fundos de Renda Fixa

Não vamos esquecer que os Fundo Referenciados DI, não são iguais aos Fundos de Renda Fixa, são diferentes. Os Referenciados DI precisam ter 95% de seus investimentos lastreados em títulos seguros. Já os Fundos de Renda fixa possuem um leque de opções da investimento mais extenso que lhe permita, em detrimento de um pouco menos de segurança, alcançar rendimentos um pouco maiores. Nas demais características como nome, aplicação mínima, taxas de administração eles são praticamente iguais, salvo o pequeno risco maior, difenciando apenas o lastro dos investimentos com que eles trabalham.

Fundos Multimercado

Este fundo, literalmente opera vários mercados. Ele opera juros, câmbio, ações, seja no mercado nacional ou internacional, são os chamados fundos de gestão ativa. As razões da existência destes fundos são a crença de seus fundadores em sua expertise pessoal na função de administrador destes fundos, para tentar gerar retornos nestes mercados, acima do CDI.

Se você já tem outras aplicações no banco, e o gerente te oferece um Fundo Multimercado, poderá fazer algum sentido também ter um Multimercado, se você já tendo outras aplicações atreladas ao CDI, e tenha disponível um dinheiro extra que possa correr um risco maior, então aplique nestes fundos.

Do ponto de vista dos investidores sofisticados, todos estes fundos são uma loucura se colocar dinheiro neles. Para a quantidade de dinheiro que eles administram, tanto faz ter sucesso ou não, porque estarão sempre ganhando muito na taxas de administração, e não é raro se ver grande prejuízos nestas aplicações. Seu gerente dirá apenas que você sabia que era de risco e que não deu certo.

Interessante é ouvir dos leigos, que a Bolsa de Valores é arriscada. Tudo bem, todos os investimentos são um pouco, mas se você tem que correr risco, que seja onde você possa ganhar muito, ter 20%, 50%, !00% e talvez até 1000% de rendimento sobre seu investimentos se acertar, ficando com a taxa de administração toda para você, e não correr os mesmos riscos, sem chance de ganhar mais do que um percentual do CDI e ainda pagar taxa altíssima de administração.

A intenção na análise de cada produto bancário é levar você a entender porque ninguém enriquece aplicando dinheiro em banco e porque a Bolsa de Valores e outros mercados fazem tantos milionários todos os dias.

Ainda falando sobre os Fundos Multimercado, eles cobram taxas de administração ainda mais altas que os Fundos Referenciados e que o de Renda Fixa, cobrando também taxas de performance no caso de lucro. Só eles enriquecem ou é impressão minha? Por isso quando seu gerente lhe oferecer um Multimercado porque você já tem outras aplicações, saiba que na teoria a explicação dele aparentará fazer sentido, mas na prática será bem diferente. Os bancos vivem criando produtos que parecem fazer muito sentido, como investimentos em câmbio, ou em ações americanas ou chinesas. São todos muito arriscados e com perspectivas de renda baixíssima que sequer suplanta a variação natural da própria moeda, ou seja, a inflação.

Se quiser saber mais sobre fundos bastas pesquisar no Google por "Comparativo de Fundos" que vão aparecer diversos sites que prestem bem estes serviço. Com estas ferramentas em sites como o da XP Investimentos, ou Bloomberg, é possível analisar históricos e a consistência de cada um dos fundos do mercado.

Fundos Indexados

Geralmente estes fundos são chamados Fundos Indexados ao Ibovespa são fundos que compram as ações que compõem o Índice Ibovespa. Estes são os chamados fundos passivos, pois se limitam a comprar ações da planilha pronta do Índice e nem por isso deixam de cobrar pesadas taxas administrativas que podem chegar na casa dos 4%, o que é sempre uma taxa muito cara. Se analisarmos a queda de 31% da Bolsa de Valores, desde 2011 até inicio de 2016 veremos o péssimo negócio que foi depositar nestes fundos neste período.

Faço um pausa aqui para lembrar que o Índice Bovespa reflete apenas as empresas de maior volume negociado, o que de longe não significa as ações que mais valorizaram ou renderam dividendos. Este índice não reflete as inúmeras oportunidades de se ganhar dinheiro na bolsa, lembrando que as estratégias de investimento em bolsa em nada se parecem com as aplicações em produtos bancários, seguindo princípios e técnicas completamente diferentes, onde se ganha na alta e na baixa do mercado. Muitas pessoas acham que este índice é formado por uma média de todas as ações da Bolsa, ou as melhores empresas, o que também não é verdade, valendo para pertencer ao índice, apenas a suas liquidez.

Em outras palavras, quem cria um produto deste, como o Fundo Indexado pelo Ibovespa, tem certeza que sua clientela é totalmente leiga em investimentos, que se impressiona com nomes diferentes e que será fácil ganhar um dinheiro extra em cima destes desinformados. É triste, mas é esta realidade que sempre combaterei em prol do crescimento da economia como um todo, da prosperidade democratizada de todas as pessoas, da saúde financeira das famílias e de uma política econômica lastreada na verdade para o bem estar da nação, não apenas do interesse dos bancos.

ETFs

Os ETFs (Exchange Traded Funds) nada mais são do que fundos de índices, uma invenção americana onde para tentar baratear as taxas de administração dos fundos, eles são negociados diretamente na Bolsa, onde você os compra via corretora pelo seu homebroker como uma ação. Um exemplo destes fundos é o BOVA11 onde muitas vezes sua taxa de administração pode representar cerca de ¼ do valor da taxa de administração de um Fundo Indexado.

Tesouro Direto

Resumindo, para aplicações conservadoras e para quantias inferiores a R$ 150 mil reais, quase sempre o Tesouro Direto vale mais a penas do que produtos bancários como CDB, Compromissada ou Fundo DI. Se você esta querendo começar a acumular e estiver disposto a deixar o dinheiro aplicado por um bom tempo, o Tesouro é a alternativa menos pior.

O Tesouro foi criado em 2002. Ele é um programa entre o Tesouro Nacional que cuida do caixa do governo desenvolvido em parceria com a BMF&Bovespa. Ele foi concebido exatamente para que pessoas físicas conseguissem investir por conta própria via internet. Antigamente você tinha que entrar no site do governo para investir e hoje já pode ser feito diretamente nos homebrokers (plataformas online) das corretoras.

A iniciativa é mais uma tentativa de popularizar o acesso aos títulos públicos no Brasil permitindo investir com quantias baixas a partir de R$ 30 reais. Quando você faz este tipo de investimento, você está emprestando dinheiro para o governo se financiar.

A grande pergunta que sempre é feita, é em relação a segurança de se emprestar para o governo. O consenso geral mundial tem sido de que investir em um país, supõe-se mais seguro do que investir em bancos ou empresas deste país, o que faz do Tesouro Direto o título de investimento mais seguro do Brasil. Antigamente isto só podia ser feito via fundos de investimento. Até 2002 o Tesouro só era disponível para grandes instituições como os bancos.

Entre as vantagem do Tesouro Direto está a ausência de taxa de administração, a rentabilidade independente do montante que seja, próxima a Selic, tornando este investimento extremamente democrático e vantajoso até o limite de R$ 150 mil reais, quando a partir daí, outros investimentos passam a ser muito mais interessantes. As aplicações bancárias farão sempre discriminação em relação ao montante que você dispõe para investir. Outro benefício recente foi a mudança feita na liquidez do Tesouro, antes só era possível vender um vez por semana, agora é todo dia.

O Tesouro possui vários indexadores fazendo dele um ótimo instrumento de "proteção" de patrimônio (não chega a ser um investimento), além disso ele não é tributado pelo Come-cotas. Tudo isso tem feito o Tesouro Direto entre 2014 e 2016 ser o recordista em capitação de aplicações entre todos os tipos de serviços bancárias.

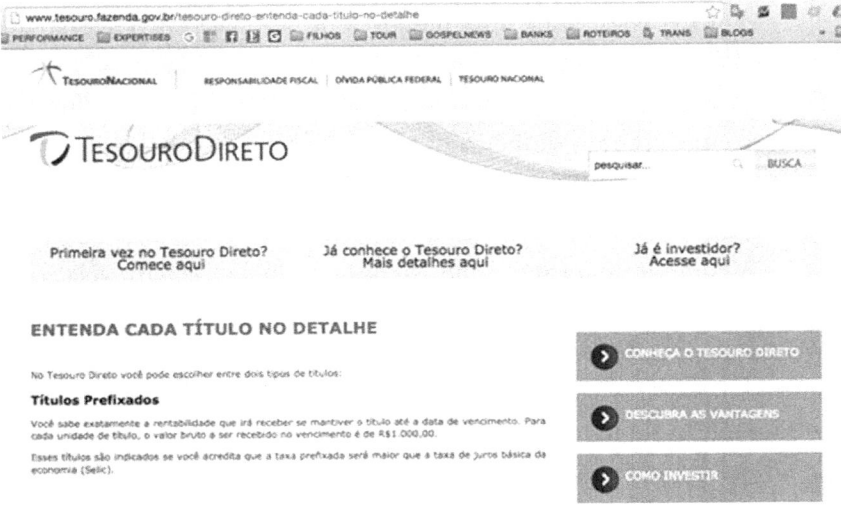

No site do Tesouro Direto, você tem disponível explicações detalhadas sobre o funcionamento e as vantagens de cada título, que poderão servir de orientação quando você for aplicar em Tesouro Direto, através da plataforma da sua corretora.

Dentro dos principais títulos, nos temos os Prefixados, os Pós-fixados indexados a inflação e os Pós-fixados indexados a Taxa Selic. Dentro de duas destas categorias, tem ainda a possibilidade de um título com pagamento de cupom semestral, sendo este de compreensão um pouco mais avançada para abordarmos neste momento.

Quanto as demais, são os seguintes:

Tesouro Selic

O Tesouro Selic é um título com vencimento, indexado a Selic (antigamente chamado de LFT) ele tem vencimento em 2021. Ele é indicado tanto para quem quer investir a longo ou curto prazo. Ele é um título Pós-fixado, ele acompanha o rendimento da Taxa Selic. Ele pode ser uma alternativa a um CDB, a um Fundo DI, sendo uma boa opção para os pequenos investidores porque você pode investir pequenos valores mensais que mesmo com a oscilação da Selic, seu dinheiro será sempre corrigido de forma positiva.

Tesouro Pré-fixado (antigo LTN)

Este é um título no qual você sabe exatamente quanto vai receber no final, se o mantiver até a data do vencimento. Para cada título, o valor bruto a receber no vencimento será de R$ 1 mil reais. Este é um título interessante para quem acha que sua taxa pré-fixada será maior que a taxa de juros da Selic ao longo do período. Também é possível resgatá-lo antes do final, mas as condições da venda vão depender do mercado no momento, e este seria seu único risco real, vender por menos. Ou seja, em um país como o nosso onde as taxas de juros variam muito, torna este título um papel arriscado, principalmente se a taxas de juros subirem.

Tesouro IPCA (antigo NTN-B Principal)

Ele é um título que garante o poder de compra do seu dinheiro, pois seu rendimento é composto por duas parcelas, uma taxa de juros prefixada e a variação da inflação (IPCA), de uma forma que independente da variação da inflação, a rentabilidade do título será sempre superior a ela, fazendo dele um título com perfil de longo prazo, apesar de também poder ser vendido a qualquer momento, dependendo da taxa do mercado.

Estratégias Simplificadas Para Novatos

Resumindo, o ideal é que as aplicações bancárias em geral, sejam para fazer caixa para um período entre 3 e 6 meses, isto vai depender do seu fluxo de dinheiro, da sua renda mensal, se ela é recorrente ou se ela oscila muito.

O Tesouro Selic oferece um retorno maior do que as aplicações bancárias e é ideal para quem quer acumular aos poucos, tendo sempre liquidez. Estes titulo hoje, em 2016, tem vencimento para 2021.

O Titulo Pré-fixado é mais indicado para o perfil de longo prazo para quem quer garantir um valor exato, geralmente para quem tem um objetivo como a compra de um bem. São títulos com vencimento hoje para 2018 e 2021.

E o Tesouro IPCA+, interessante para garantir o poder de compra com um rendimento a mais para o longo prazo, como para uma aposentadoria, onde pode se investir todo mês. Seus títulos tem vencimento para 2019, 2024, 2035 e 2050.

Como Ganhar Mais Do Que O CDI

Outros produtos bancários remanescentes e bem disseminados no mercado são as LCAs (Letra de Crédito Agrícola), LCIs (Letras de Crédito Imobiliário), LCs (Letras de Câmbio) e CDBs (Certificados de Depósitos Bancários) de bancos médios ou pequenos. Nós vimos que a maioria das aplicações bancárias tem um rendimento abaixo do CDI que é a sua referência, ainda descontadas algumas taxas, impostos, IOF ou o Come-cotas. Ainda assim isto consolidou um mercado de Renda Fixa no Brasil, permitindo ainda que bancos médios e pequenos, dada a sua menor rede de distribuição, menor capacidade de captar recursos e maior risco de solvências, ofereçam produtos que podem pagar mais do que o CDI para compensar estas deficiências.

Este segmento dos produtos bancários chamados "incentivados" se expandiu significativamente nos últimos anos justamente porque as pessoas começam a buscar aplicações que lhes ofereçam renda melhor. É muito comum encontrar estes produtos "incentivados", que pagam melhor, nas corretoras de investimentos. Além do risco de insolvência destes bancos, estes títulos costumam ser prefixados, sem possibilidade de resgate antes do prazo, tudo isso em contrapartida do rendimento maior.

Vale lembrar que apesar dos riscos de insolvência destes bancos médios e pequenos, seus produtos costumam ser garantidos pelo FGC – Fundo Garantidor de Crédito até R$ 250 mil reais por CPF e por emissor, mas é bom sempre verificar. Já se você tem quantias maiores do que isto, então vale a pena distribuí-las entre mais de um banco a cada R$ 250 mil reais para resguardar-se.

Mas de novo, optar por um destes diversos produtos daqui para a frente, poderá se tornar para você uma tarefa rara, visto que são muitas diferenças de opções todas ruins. São todas aplicações inexpressivas do ponto de vista de um investidor sofisticado. Minha intenção até aqui é, em primeiro lugar, iniciá-lo em Educação Financeira com visão de enriquecimento. Para isso você não pode deixar de saber conversar com seu gerente sobre produtos bancários.

E por último, lhe fornecer subsídios a respeito da rentabilidade deste produtos, para quando precisar cuidar do seu caixa, mas acima de tudo, para que você possa realmente entender as vantagens sobre investimentos sofisticados que vamos começar a analisar logo a frente. É importante você perceber a diferença gritante de rendimentos entre a Bolsa de Valores e os fraquíssimos produtos bancários, e assim poder realmente se interessar em ficar rico por um dos poucos caminhos que existem que são, trabalhar ou empreender e investir bem o seu dinheiro.

Previdência Privada – PGBL e VGBL

Este tipo de produto trata-se na verdade de um seguro que a pessoa contrata para garantir uma renda complementar ao INSS. Ela tem uma tabela proporcional ao tempo e quantidade que você pode investir. As diferenças entre os planos são que, o PGBL – Plano Gerador de Benefício Livre, é indicado para quem faz declaração de renda completa do Imposto de Renda, pois permite deduzir até 12% da renda bruta tributável anual, e o VGBL – Vida Gerador de Benefício Livre, é indicado para quem faz a declaração simples do IR ou é isento.

Ambos os planos tem vantagens e desvantagem mas geralmente apenas as vantagens são alardeadas por seus vendedores, escondendo graves problemas para quem não lê contrato. As pessoas acreditam na boa fé dos outros e muitas instituições sabendo disso facilitam o acesso das informações vantajosas através de panfletos, cartazes e anúncios e deixam as desvantagens apenas no contrato com termos jurídicos praticamente incompreensíveis para a maioria das pessoas.

O rol de enganações é tão grande que poderia ser chamado de um show de ilusionismo onde as instituições se aproveitam da falta de Educação Financeira das pessoas para venderem produtos complexos como os planos de Previdência Privada que não são vantajosos para o cliente.

Porque A Previdência Privada Não É Para Você

A Previdência Privada é um poupança forçada que engessa seu dinheiro tirando sua liberdade de gerir seu próprio patrimônio por um período muito longo. Ela tem baixíssima rentabilidade graças a cobrança de elevadas taxas com perdas gigantescas. Uma pesquisa realizada recentemente com o resultado de dezenas de planos de previdência demonstrou que 95% deles perderam para a Caderneta de Poupança. Isto já é motivo suficiente para você jamais fazer um plano deste. Administrar sozinho sua aposentadoria vai lhe surpreender se você aprender a investir bem.

Além disso ela não esta livre de riscos. Elas não tem a proteção do Fundo Garantidor de Crédito e bancos como seguradoras quebram com mais frequência do que você imagina, principalmente ao longo de uma vida de espera. É muito comum pessoas que compraram planos de aposentadoria no passado e agora na hora de receber, as empresas desapareceram ou mesmo apresentaram um resultado insignificante com as desculpas mais variadas. Os instrumentos de rentabilidade deste planos, podem oferecer bons juros hoje mas não necessariamente amanhã, podendo estes ciclos se alternar várias vezes. Quem escolhe fazer este tipo de plano para receber como renda vitalícia, no caso de morte o dinheiro fica para a seguradora.

Na verdade as pessoas deviam aprender a cuidar do próprio

dinheiro, o investimento para adquirir Educação Financeira são insignificantes face aos benefícios. Você pode fazer cursos online, ler livros, assistir palestras, acompanhar site especializados, etc... Qualquer um pode planejar a própria aposentadoria fazendo seu dinheiro trabalhar para você de forma muito mais rentável e menos arriscada, fazendo por conta própria. É só aprender a investir. Não delegue seu dinheiro, sua fortuna, sua vida, na mão de terceiros.

Gerencie seu dinheiro de forma consciente sem se deixar levar por publicidade ou dicas de gerentes de bancos. Se você acha que é determinado, disciplinado e paciente, você pode construir sua própria fortuna. Estude sobre as vantagens e desvantagens de cada tipo de investimento. É possível começar com pouco, e na medida que você se exercita nisso, descobrirá a alegria de enriquecer sempre mais a cada dia, é assim que se fica rico. Invista em Educação Financeira, acesse "Como Enriquecer na Bolsa" e a "Formula Online".

5 Passos Para Se Relacionar Com Seu Banco

1 - Não disperse seus investimentos em mais de dois bancos, pois eles são sensíveis ao total de recursos que você tem.

2 – Saiba mais do que o seu gerente sempre.

3 – Continue firme lendo este livro até aprender a investir sozinho na Bolsa de Valores.

4 – Tenha no banco apenas o essencial para contas de 3 meses, emergências e recursos para novos investimentos, o resto coloque na Bolsa, em imóveis, moedas, ouro e outros mercados.

5 – Delete definitivamente da sua vida armadilhas bancárias que roubam seu enriquecimento, como Poupança, Consórcios, Capitalização e Fundos de qualquer tipo.

4. PRIMEIROS PASSOS PARA INVESTIR NA BOLSA

"Arrisque-se! Toda a vida é um risco. O homem que vai mais longe é geralmente aquele que está disposto a fazer e a ousar. O barco da 'segurança' nunca vai muito além da margem" – Dale Carnegie

Quando falamos de investimento, falamos de Renda Fixa e Renda Variável. Poderíamos discorrer aqui muito a respeito das vantagens ou não de cada uma, mas para enriquecer você não precisa optar entre uma ou outra, você precisa apenas, "ter as duas". Não se coloca tudo que se tem em Renda Variável. O consenso é começar com 20% até que se tenha aprendido o suficiente sobre Bolsa de Valores e outros investimentos sofisticados.

Isto se chama "Alocação Financeira", ou melhor, o quanto destinar para cada um dos diversos ativos financeiros. Aprofundo este assunto em "[Como Enriquecer na Bolsa](#)". Existe um consenso geral entre investidores bem sucedidos, do quanto colocar em cada ativo e quais os principais deles, que nunca podem faltar na carteira de um investidor.

Quando se fala sobre investimentos sofisticados, falaremos sempre em primeiro lugar sobre a bolsa. Existem muitos investidores famosos e anônimos que tem feito fortunas com investimento em ações, malgrado muitos também terem fracassado miseravelmente.

O motivo para apenas alguns serem bem sucedidos é a estratégia escolhida de investimento. A bolsa é um ambiente cuja natureza própria é de extrema oscilação, de muitos altos e baixo, este mercado com as ações das empresas, flutuam todo o tempo estando suscetíveis a influências econômicas, políticas, nacionais e globais, além do próprio andamento das empresas no dia a dia do seu trabalho. Este ambiente gera muita especulação e muita gente se aproveita dos leigos no assunto para lhes extorquir dinheiro, cobrando por consultorias, por administração de fundos de ações como já vimos, ou criando métodos mirabolantes sobre ganhos rápidos, entre eles a prática instituída do Daytrade, o comprar e vender diário, ou o comprar na baixa para vender na alta.

Mas existe um método simples, seguro e comprovado, utilizado a mais de 80 anos por muitos bilionários famosos da bolsa mundial e nacional, que é o método do "Investimento em Valor", do inglês "Value Investing", não esqueça mais estes nomes. Diga-se de passagem, que este é o único método que funciona, porque é comprovado e gera resultados.

O mais famoso e bem sucedido investidor do "Value Investing" tem sido Warren Buffet, atualmente o 3º homem mais rico do mundo segundo a revista Forbes. No Brasil, apenas para citar dois nomes entre muitos, também usuários do método que fez ambos saírem da miséria para se tornarem bilionários, são Luiz Barsi e Lírio

Parisotto.

Buffet ao longo de 50 anos, conseguiu um retorno médio anual de 21.6%, sendo que nas últimas duas décadas, com a economia americana estabilizada, demonstrou que seus anos de ouro foram mais para o início, mesmo com a quebra da bolsa de 1929.

Digo isto porque hoje a Bolsa de Valores brasileira está na sua infância, o que reflete na realidade, a infância da própria economia brasileira.

Se você acredita no desenvolvimento do Brasil nos próximos anos, saiba que a Bolsa de Valores nacional fará centenas, senão milhares de milionários no futuro breve de forma muito mais rápida do quando nossa economia já estiver forte.

Lembre-se do início deste livro onde falei que "Ao longo da história o crescimento do mercado de ações é sempre positivo, mesmo com oscilações ou crises", onde mostrei o gráfico da bolsa brasileira sempre oscilante e crescente desde sua criação em 1963.

Veja agora o gráfico da história da Bolsa de Valores americana durante todo o século XX.

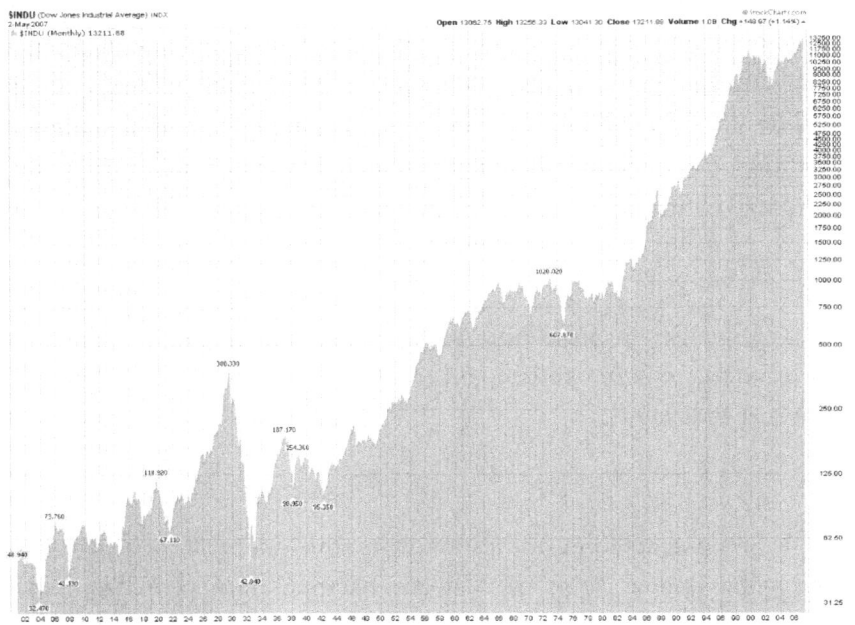

Observe que mesmo com a grande quebra da bolsa em 1929, ela logo volta a crescer e tendo se aperfeiçoado, nunca mais teve grandes quebras. Outras menores ocorreram e provavelmente voltarão a ocorrer, dada a característica da economia, porém os impérios empresariais de todas as nações vão sempre continuar crescendo. Você pode ser a mais pessimista das pessoas achando que o mundo vai entrar em colapso, que haverão guerras, mas ainda assim as economias saem sempre mais fortalecidas, a tecnologia soluciona problemas, e a inteligência humana irá superar tantos obstáculos quanto os que já surgiram antes.

Investidores de sucesso são perspicazes e inteligentes, não estariam neste mercado se não fosse promissor e suas estratégias compreendem todos os tipos de situação, através da alocação de ativos diversificada, não apenas no próprio ambiente da bolsa, mas entre mercados, como o dos imóveis, das commodities, metais, moedas e outros, como forma de precaver-se a todas as possíveis situações.

Voltando a Warren Buffet, vamos observar primeiro que todas as aplicações bancárias possíveis, incluindo ainda o Tesouro Direto do governo, todas não superam sequer a taxa de atualização da moeda, enquanto Buffet teve uma media anual de 21.6% de rentabilidade real em dólares. Então, se as aplicações bancárias não são investimentos, mas apenas mecanismos de contenção de perdas, alguém que queira enriquecer ou realmente investir dinheiro para vê-lo crescer, não pode ficar de fora da bolsa.

Quando falamos em rentabilidade de aplicações em Renda Fixa hoje, cerca de 14% no Brasil, não estamos falando de ganho de 14%, mas de correção da inflação que muitas vezes é superior a isso, o que significa que não há ganho nenhum. No caso de Buffet, com a economia americana com inflação sempre perto de zero, os ganhos que nos referimos são de lucro real acima da inflação.

Façamos uma simulação: Se fizermos um investimento de R$ 1 mil reais todo mês, durante apenas 15 anos, com uma renda média anual como Buffet de 20%, ao final destes 15 anos teremos R$ 1 milhão de reais. Eu disse apenas 15 anos, tempo que pode ser reduzido ainda mais, dependendo do montante aplicado, e rendimentos que podem ser ainda muito maiores dependendo da boa escolha de ações, de boas empresas e do momento certo em comprá-las.

Portanto, o segredo é esse, escolher ações de boas empresas que pagam bons dividendos, que gerem bons fluxos de caixa, pouco endividadas, com uma competente equipe gestora e pagando preço baixo por elas, com desconto. Este é o significado do "Investimento de Valor", o "Value Investing". Nunca esquecer do importante princípio que é comprar empresas boas por preço baixo. Sim, porque no mercado de ações a lei da oferta e da procura é grande. Se muita gente esta vendendo uma ação, seu preço cai, se muita gente está comprando, o preço sobe. Contudo, nestes momentos, o "valor" da empresa segue igual, a empresa não se tornou pior ou melhor pela alta ou baixa do mercado. Se ela é uma empresa estável, ela seguirá sendo sempre estável, se é lucrativa, também continuará sendo.

Portanto o "Value Investing" refere-se a fazermos uma análise qualitativa da empresa na qual se pretende investir, também chamada de Análise Fundamentalista. Este tipo de investidor entende que ao comprar ações desta empresa, está se tornando sócio dela e ele precisa acreditar no seu sucesso para que seu investimento faça sentido.

Parece muito bom para ser verdade? Mas isso tem uma outra explicação simples que são os "Juros Compostos", o que Einstein chamou de a "8ª Maravilha do Mundo", sim, estes são os mesmo juros que fazem quem está endividado, principalmente no Cartão de Crédito ou no Cheque Especial, a ver a Bola de Neve das suas dívidas crescendo. Isto chama-se crescimento exponencial, na medida que ele cresce ele acelera a velocidade e o tamanho do crescimento. Por isso ele é chamado de milagre pelos investidores, quando se começa neste ramo de investimentos. Nós costumamos fazer uma projeção do nosso enriquecimento, mas a prática tem mostrado que quem entrou firme neste propósito, sempre colhe os frutos esperados, muito antes do tempo.

Isto acontece não apenas pelos "Juros Compostos", mas porque a pessoa toma gosto por aprender a ver seu próprio dinheiro trabalhando em seu favor, e também porque com o seu aprimoramento em Educação Financeira passam a lhe abrir ainda outras oportunides e outros mercados financeiros. Vamos agora começar a saber como ingressar na prática neste mercado e em seguida conhecer seus produtos.

Como escolher uma corretora

A corretora ideal seria em tese aquela em que você pudesse comprar todos os produtos em um só lugar como já acontece nos Estados Unidos, desde ações e Fundos Imobiliários, mas também Títulos Públicos, LCIs, LCAs, CRIs, CRAs, debêntures, Fundos de Renda Fixa e variável, Fundos Multimercado, IPOs, incluindo seguros e previdência. Esta já é uma realidade na América do Norte.

Talvez isto possa vir a se concretizar um dia no Brasil mas implicam muitos fatores para que isto possa ocorrer como o crescimento do mercado e das tecnologias. O modelo de corretora de investimentos já é um sucesso nos Estados Unidos a mais de 30 anos, eles são um país que solidificou sua economia com a Bolsa de Valores, prosperando seu povo que nunca teve o hábito de deixar seu dinheiro em poupança. Minha ideia para este livro é mostrar as vantagens do investimento no mercado de ações e iniciar o leitor na prática do investimento sofisticado em Bolsa de Valores. E a decorrência natural de quem aprende a investir em bolsa, é chegar um dia a investir em outros mercados internacionais, a começar pelos Estados Unidos, a maior economia do planeta.

Falo especificamente sobre investimento da Bolsa de Valores americana em "Como Enriquecer na Bolsa", clique aqui para saber mais. Apenas para ilustrar o tema, se você quiser conhecer algumas das inúmeras Corretoras de Investimentos americanas, temos a E-Trade, Ameritrade, Scottrade e Charles Schwab entre tantas.

Para termos uma ideia do quão atrasados nós estamos em relação aos Estados Unidos, o próprio Google, disponibiliza um comparativo entre todas as corretoras norte americanas demonstrando o que fazem, quanto cobram de taxas, enfim, deixam o trabalho todo pronto para quem quer começar. Basta fazer a busca pela frase "Comparision of online brokerages in the United States". No Brasil ainda temos que fazer o trabalho braçal de garimpar entre todas as corretoras, a melhor que nos atenda.

No meu livro "Só Não é Rico Quem Não Quer", disponível na Amazon também para Kindle E-reader ou em meu site MarceloVeiga.Com.Br eu discorro sobre o tema como escolher uma corretora onde digo que iniciei minha pesquisa me cadastrando em diversas corretoras diferentes e descobri que as independentes cometiam duas falhas. Uma que eles ofereciam produtos demais de outros bancos tornando a navegação no site pesada e confusa. Outra é que algumas davam muita ênfase a navegação voltada para o Daytrade, a famosa compra e venda diária, ocupando o homebroker com excesso de ferramentas que não interessam a um investidor de "Value Investing".

Mesmo assim testei 5 ou 6 corretoras independentes até partir para as corretoras dos grandes bancos. E admito que minha predileção pelas dos bancos são várias, entre elas, de que resolveram os dois maiores problemas das corretoras independentes. Eles não oferecem produtos bancários dentro de suas plataformas porque já fazem isso muito bem dentro do site da conta corrente do cliente, tornando a navegação simples. Segundo, eles simplificam ao máximo a compra e venda de ações e estão atrelados a solidez da instituição bancária que lhes dá o nome.

As corretoras de investimento também estão suscetíveis a quebrarem. No caso de corretoras de bancos grandes, estamos mais seguros neste sentido, além do que, o dinheiro entra e sai da sua conta corrente automaticamente, você não precisa ter mais dois trabalhos, um de transferência e outro de resgate.

Preferi escolher para mim uma corretora atrelada a um banco mas entre todas também existem diferenças no homebroker, o elemento que proporciona nossa ligação física com o sistema da Bolsa de Valores. Em três dos grande bancos (Bradesco, Santander e Banco do Brasil) encontrei homebrokers com aparências que costumo chamar de "jurássica", algo antiquadíssimo se levarmos em conta que 10 a 15 anos na internet significam séculos e eles literalmente, pararam no tempo.

Já a que escolhi para mim, a corretora do Itaú, foi pela simplicidade, beleza, eficiência, enfim, tudo de bom para o que eu necessito, comprar e vender ações, Fundos Imobiliários e Opções, tudo de forma agradável e rápida. Concordo que a corretora ideal poderia ter tudo, como já acontece nos Estados Unidos, mas neste sentido o Brasil ainda precisa evoluir tecnologicamente muito.

Critérios De Escolha

Interface online – *A acessibilidade às ferramentas precisa ser amigável.*

Cadastro – *Precisa ser simplificado.*

Diversidade de Produtos - *É um critério pessoal, entre simplicidade de operação ou diversidade dos produtos.*

Custos de Manutenção – *São relativos em função de que tipo de bons serviços vão oferecer.*

Solidez – *Se você quer se aprofundar em operações mais complexas, as corretoras independentes costumam ser mais especializadas, mas estar atrelada a um instituição bancária sólida tem segurança, praticidade e funcionalidades amigáveis.*

Abrindo a conta

Depois de conhecer o site de todas as possíveis corretoras que possam lhe interessar, entre em contato telefônico com elas para saber detalhes sobre documentos e taxas. O cadastro é gratuito mas o envio da documentação pelo correio é sempre exigida.

Quando seus documentos forem aprovados você receberá uma senha de acesso por e-mail e então vai poder começar a navegar no site, e ter acesso ao homebroker. Eles variam muito entre eles e a única maneira de aprender é navegando. Comece a tentar comprar ações em pequenas quantias no inicio até aprender. Não perca tempo com simuladores que algumas oferecem, parta logo para a compra e venda para sentir o gosto de ter seus ativos e começar acompanhar o sobe e desce diário de seus valores.

Perfil

Toda corretora, seja de banco ou não, vai querer saber seu perfil de investidor para direcionar produtos que mais lhe interessam. Responda apenas por obrigação sem se preocupar, pois estas características não lhe impedirão de comprar o que quiser. Como veremos adiante, dicas das próprias corretoras não são confiáveis porque podem estar sendo manipuladas por interesses e patrocínios, e para isso comentaremos mais a frente o grande segredo de onde buscar informações confiáveis.

No perfil eles vão perguntar seu grau de conhecimento sobre a bolsa, seus objetivos de investimentos, por quanto tempo você pretende deixar seu dinheiro investido, qual seriam sua reações diante de quedas de mercado, etc… O processo de cadastro é rápido, em torno de 24 hs após o recebimento da documentação.

Home o que?

Perguntei a um grande amigo no Brasil, bem instruído, investidor na área de imóveis, acostumado a ter sob seu controle grandes quantias de dinheiro, se ele investia em bolsa, e ele respondeu que nunca. Perguntei se ele sabia o que era um "homebroker" e ele me respondeu: "Home o que?"

Isto demonstra bem o grau de intimidade do brasileiro com a Bolsa de Valores. Para comprar uma ação torna-se indispensável usar os serviços de um homebroker, ferramenta lançada em 1999 no Brasil que permite o envio de ordens ao sistema da Bolsa pela internet. Até então o investidor dependia do telefone para executar uma ordem junto a um operador da corretora.

A partir do advento da internet, todas as bolsas mundiais e a economia das nações com um todo, tem crescido de forma muito mais rápida, dada a agilidade fornecida pela Era Digital, que concede autonomia aos investidores, lhes permitindo operar sozinhos, sem corretores, de qualquer lugar que tenha uma conexão online, seja no campo, na praia, qualquer investidor coloca em prática suas estratégias para ganhar dinheiro.

O sistema de homebroker além de permitir as operações em bolsa, concentram informações da carteira de ações do investidor, a posição financeira em tempo real, os valores disponíveis em conta para investir, notas de corretagem, histórico de operações anteriores, dicas de mercado e de compras.

A qualquer momento o investidor pode consultar o status de

determinada ação no mercado. A rede de dados da corretora é atualizado em tempo real, recebendo informações diretamente da BMF&Bovespa. Cada ação será encontrada por um código correspondente a ela, e não por seu nome. Por exemplo, Petrobras é PETR3, Banco do Brasil, é BBAS3 e assim por diante.

Ibovespa e Blue Chips

O índice que serve como um termômetro do desempenho das ações na bolsa chama-se Ibovespa. Ele reúne as cerca de 50 a 100 empresas listadas na bolsa mais negociadas, as chamadas "Blue Chips", as que tem mais liquidez e portanto as mais representativas. É importante notar que este índice não representa a bolsa brasileira como um todo muito menos o seu potencial de enriquecer-lhe. Há empresas de menor valor que estão fora do índice e muitas vezes são responsáveis por grandes valorizações com ganhos expressivos para seus sócios acionistas. São as chamadas "smallcaps" e "midcaps" que ao longo do tempo podem ganhar relevância em termos de valor de mercado e chegar ao Ibovespa.

As "Blue Chips" hoje, são empresas como a Vale, a Ambev, o Itaú e o Bradesco. Investir em "Blue Chips" não é garantia de sucesso na bolsa, o importante é estar bem informado de qual empresas comprar, qual a hora certa de comprá-las e também vendê-las. E isso é bem mais simples do que parece.

Agora que você já sabe escolher uma corretora, já sabe a diferença de investimentos sofisticados e produtos bancários, que já entendeu o funcionamento de um homebroker precisamos saber que para investir na bolsa você não precisa ser economista, nem precisa ser graduado para saber se vale a pena ou não aplicar seu dinheiro em uma empresa. Logo você estará comprando parte de grande companhias brasileiras, tornando-se sócio delas, com direitos a dividendos, juros sobre capital próprio, desdobramentos, bonificações, valorização de mercado, fusões e tudo que todo dono tem direito. Algo um pouco mais sofisticado do que uma simples caderneta de poupança e que rende dezenas ou centenas de vezes mais.

Conhecendo O Mercado

Investir na Bolsa de Valores é completamente diferente de largar seu dinheiro em uma aplicação bancária, sabendo que o juros obedecerão uma taxa pré ou pós determinada e esquecer aquilo por pelo menos 1 mês. Este é o tipo do investimento passivo.

Investir na bolsa pode se dizer que é um estilo de vida onde você participa ativamente com suas considerações não só sobre a empresa que é sócio, mas com seu feeling de mercado. Sua sensibilidade em relação a economia que você vê nos noticiários, que acompanha na política, no preço das compras para o lar, etc... todas estas informações passarão com a prática, a lhe revelar oportunidades de ganhos. Se no "Value Investing" um dos requisitos é comprar na baixa, você vai desenvolver a habilidade de distinguir empresas boas com preços baixos para adquiri-las neste momentos.

Costuma se dizer que o êxito no mercado de ações está no tempo de dedicação à analise das empresas. Quanto mais tempo estudando ações, melhor o resultado dos seus rendimentos. Na prática podemos dizer que a experiência do erro e do acerto moldará o investidor de sucesso, por isso, lembre-se, comece devagar e com pouco.

Análise Fundamentalista

Para se analisar ações de uma empresa, existem dois tipos de análises, a fundamentalista e a técnica. A fundamentalista investiga a saúde operacional e financeira da empresa para mensurar sua capacidade de gerar retorno ao longo do tempo. A análise técnica consiste em aproveitar a alta de uma ação no curto prazo a partir de gráficos do seu histórico onde se tenta prever as tendências futuras do papel.

Em ambos os tipos de análises, o passado traz informação relevantes e o futuro será sempre difícil de se prever, restando ao investidor estar sempre bem informado sobre o presente e fundamentalmente sobre a empresa, como bem diz a análise fundamentalista. É um tarefa desafiadora traduzida diariamente na interpretação dos mercados. Você descobrirá como sua vida, seu futuro e seu enriquecimento pode sofrer variações com diversas questões mundiais.

Na bolsa estamos sujeitos a diversas influências financeiras diárias, que antes delegávamos ao nosso gerente de banco que não sabia nada sobre investimentos. Já como investidor podemos ter um pouco mais de trabalho, que com o tempo, se transforma na realização de ter controle sobre seus investimentos e sobre seu futuro, libertando-se das aplicações bancárias medíocres, que não rendem nada, mal acompanham a inflação, para ingressar no mundos dos investimentos sofisticados que podem enriquecê-lo financeiramente.

Se no começo desta nova jornada, você achar a atividade econômica mundial muito complexa, feche o foco inicialmente a uma atividade econômica, do seu país. Assim você perceberá melhor como o cotidiano lhe revelará influências nos seus investimentos. A mudança de um ministro, a derrubada de um governo, o desemprego entre seus amigos ou familiares, que reflexos eles terão no andamento da sua empresa, sim, a sua empresa que agora você tem ações, é dono de um pedaço dela e recebe dividendos e outras participações. O que os problemas com petróleo do oriente médio tem a ver com o custo de vida e a inflação? O que as energias eólicas e solares farão com os dividendos da ações, das atuais empresas de energia elétrica?

Este pequeno trabalho diário, o transformará de um escravo financeiro moderno, refém do sistema, para a liberdade das possibilidades reais de enriquecimento de um investidor sofisticado, páreo a páreo com seus antigos algozes, os bancos. Como investidor sofisticado você passa a ter as mesmas chances de ver o seu dinheiro crescer, se multiplicar e trabalhar para você, aplicando seu dinheiro da mesma forma que os próprios banqueiros aplicam para eles. Basta você passar a pensar como banqueiro, que multiplica dinheiro no mercado empresarial, investindo em empresas, investindo diretamente no mercado da Bolsa de Valores, sem intermediários, apenas como a ajuda dos seus analistas financeiros, como veremos logo a frente.

5 Passos Para Começar A Investir Na Bolsa

1 – Comece abrindo um conta em uma corretora

2 – Teste 4 ou 5 delas antes de escolher a sua, entre independentes e ligadas a grandes bancos.

3 – Comece a comprar e vender com pouco dinheiro por 6 a 12 meses até aprender bem.

4 – Não confie em dicas de corretores, revistas, gerentes de bancos ou consultores empregados ou comissionados por metas.

5 – Garimpe informações com Analistas Financeiros Imparciais e Independentes, geralmente publicam newsletters.

5. INVESTINDO EM FUNDOS IMOBILIÁRIOS

"O investimento mais seguros do mundo é o tijolo. Podem vir guerras, crises da economia ou mudar governos, e eles sempre estarão lá!" – João do Nascimento Perpétuo *(avô do autor – construiu mais de 100 imóveis)*

Neste ponto, nós já temos uma boa base para começarmos nosso aprendizado prático sobre investimentos sofisticados. Agora nós já podemos ir direto ao assunto que nos interessa, aos investimentos que nos rendem muito mais do que produtos bancários, como se costuma dizer, investimentos de gente grande, dos grandes players do mercado, dos bancos e de quem tem muito dinheiro. Agora você terá chances de ingressar no clube dos 1% mais ricos do planeta, daqueles que detém pelo menos U$ 1 milhão de dólares, que é o pré-requisito para ser admitido nessa turma.

E falar dos principais investimentos de um investidor sofisticado, é falar de imóveis e ações de empresas. A opção por estes dois tipos de ativo é porque ambos se encontram no ambiente de Bolsas de Valores. E vamos começar com os Fundos Imobiliários porque eles tiveram sua estréia na bolsa trazendo característica especiais e vantajosas. Quem já pensou em enriquecer, em viver de renda já se imaginou tendo imóveis seja para morar ou alugar. Outrora isto parecia um mercado inalcançável para quem estava começando no mundo dos investimentos dado ao valor elevado dos imóveis.

Mas o mercado de Fundos Imobiliários veio mudar isto. Seu nome pode parecer com Fundos de Investimentos mas eles tem seu DNA completamente diferente. Os Fundos Imobiliários, cuja abreviação FIIs, você verá com frequência, eles estão em expansão em todo o mundo e se apresentam como investimentos sólidos e de baixo risco, principalmente no longo prazo. Os preços de imóveis podem flutuar a curto prazo mas no longo tendem a acompanhar ou ultrapassar a inflação. Some-se a isto as generosas distribuições de dividendos, a renda dos alugueis mensais mais os benefícios fiscais, e temos aí todos os ingredientes de um investimento muito bem sucedido.

Os FIIs surgiram prematuramente no Brasil em 1993 não tendo por isso um bom desempenho em seu começo. Desde que os FIIs foram inclusos na Bolsa de Valores, e depois da crise americana de 2008 no setor de imóveis, muitas novas regulamentações lhes foram impostas tendo promovido um verdadeiro renascimento deles em um mercado de quase R$ 40 bilhões de reais no Brasil, e que ainda é muito incipiente. Uma destas regulamentações foi a proibição dos FIIs tomarem empréstimos e fazerem dívidas. Eles só podem ser fundados e administrados com dinheiro próprio, trazendo muita segurança para o mercado e seus acionistas.

Ter os FIIs na Bolsa de Valores facilitou muito o acesso a eles, onde passaram a ter grande liquidez permitindo qualquer um comprar ou vendê-los com o simples click em um homebroker, da mesma forma que se compra e se vende ações. Eles tem seu código específico como as ações, tendo cada um sua sistemática própria, razão pela qual os separamos em capítulos distintos, iniciando pelos Fundos Imobiliários.

O Que São Os FIIs?

Os FIIs são um condomínio fechado de investimento em imóveis com uma política de investimentos dirigida a ativos imobiliários. Para o investidor, equivale a ter um pedaço de um imóvel ou de um conjunto de imóveis que lhe dá direito a ter também, um pedacinho dos aluguéis. Os Fundos Imobiliários foram criados com raízes no Real State Investment Trust (REIT) dos Estados Unidos, para estimular e expandir o mercado imobiliário.

Hoje existem mais de 100 FIIs listados na Bolsa de Valores brasileira e na perspectiva de uma economia com taxa de juros mais baixa do que temos hoje, com um Brasil dando certo, este será um segmento de investimentos que não poderão passar despercebidos dos bons investidores.

Características

Os FIIs são acima de tudo, fortes pagadores de dividendos. O marco regulatório brasileiro sobre eles determina que são obrigados a distribuir pelo menos 95% de seu lucro líquido a cada seis meses, para fazer jus ao benefício fiscal e a prática comum entre os FIIs brasileiros é a distribuição mensal semelhante aos aluguéis de um imóvel. Mas a grande maravilha destes ativos é que estes dividendos ou alugueis mensais pagos, são completamente livres de imposto de renda, trazendo grande ganho e conforto as seu investidor.

Eu particularmente sou um grande fã dos FIIs, por dois motivos. Eu sou neto de português, meu avô passou a vida construindo e dizendo que o investimento mais seguro era o "tijolo", em referência aos imóveis. Ele dizia que investir em papel também era bom, mas nas guerras ou nas mudanças de governo você poderia perder tudo, mas tijolo e terra ninguém te tirava. E assim ele deixou alguns imóveis de herança para alguns herdeiros.

Eu mesmo logo no começo de minha vida, comprei um grande apartamento antigo de cobertura que subdividi em três para alugar, assim desde cedo, tinha a prática do aluguel. Posteriormente ajudei minha mãe a administrar os dela quando no final de sua vida precisou, e sei bem que o imóvel residencial em bairro nobre de grandes capitais como o Rio de Janeiro e São Paulo, rendem um aluguel médio de 0,3% ao mês em relação ao valor do imóvel depois de descontado o imposto de 27,5% sobre a pessoa física.

Nesta conta não podemos também esquecer dos períodos de vacância e das reformas e consertos que recaem sempre sobre o proprietário. Mas isto foi somente até eu conhecer os Fundos Imobiliários em 2010 e pude comparar os rendimentos. Um FIIs gera um aluguel médio em torno dos 1% ao mês, suas taxas de vacância são extremamente menores uma vez que você opte por fundos com vários imóveis, o que faz um FIIs render uma média de 3 a 5 vezes mais do que um imóvel residencial em bairro nobre do Rio ou S.Paulo.

Como se não fosse o bastante, você é isento de imposto de renda, podendo gastar ou reinvestir o dinheiro mensalmente e os imóveis se valorizam como qualquer outro.

Os fundos imobiliários costumam se especializar em segmentos de imóveis para alugar como edifícios de escritórios corporativos, shopping centers, galpões logísticos, hospitais, hotéis e outros imóveis de elevado valor. Depois do surgimento dos FIIs, comprar imóveis físicos para fins de locação já não é mais interessante para muita gente, diante desse novo mercado tão promissor e seguro.

10 vantagens de se investir em Fundos Imobiliários:

1 – Você pode começar a investir em imóveis a partir de cerca de R$ 100 reais.

2 – Você não precisa se preocupar com a administração, você terá uma competente equipe gestora trabalhando para você sem custos adicionais.

3 – Você compra e vende suas cotas diretamente de seu homebroker, com liquidez imediata, muito diferente de um imóvel físico que por vezes leva muito tempo para vender.

4 – O brasileiro já tem o hábito de investir em imóveis o que reflete um ótimo momento de mercado para investidores.

5 – Você tem o aluguel mensal livre de impostos mas a valorização dos imóveis e da cotas.

6 – O investidor tem inquilinos de alta qualidade, de grandes instituições com baixa probabilidade de calote.

7 – O investidor tem facilidade de diversificação, podendo investir um pouco em cada fundo, e em diferentes tipos de fundo.

8 – As taxas de administração de um fundo são muito menores dos que as cobradas em negociações direta de imóveis.

9 – Os rendimentos mensais são ISENTOS de impostos para pessoas físicas.

10 – Todos os FIIs são obrigados a distribuir 95% do lucro liquido mensal aos cotistas.

6. INVESTINDO EM AÇÕES

"Com disciplina e paciência, é impossível perder dinheiro com ações. Qualquer um pode ficar milionário na bolsa". – Luiz Barsi, bilionário da bolsa brasileira que se fez sozinho.

Agora vamos falar de ações, a menina dos olhos dos investidores milionários ou candidatos a serem. Todos que ingressam no time dos investidores de Bolsa de Valores ao estilo "Value Investing", quando começam a perceber os primeiros dividendos e juros sobre capital próprio caindo reiteradamente em suas contas correntes, passam a tomar um gosto apurado e irreversível em adquirir pedaços de empresas promissoras.

No Brasil quando falamos em investimentos em bolsa, as pessoas arregalam os olhos achando que no mínimo você é louco. Por desconhecimento as pessoas convencionaram em nossa nação tupiniquim que investir em bolsa é a mesma coisa que jogar em um cassino. Esta fama da bolsa tem suas razões.

Existem épocas na bolsa que as ações começam a subir e muitos oportunistas, sem entender nada de bolsa, começa a comprar ações achando que elas vão subir sempre até tornar seus donos milionários. E nesta euforia insana, começam a contagiar outros desinformados que por falta de dinheiro ou até prudência, acabam não se arriscando. E como tudo que sobe desce, um dia o mercado que sobe vertiginosamente, também cai da mesma forma, fazendo estes aventureiros de bolsas perderem tudo que tinham.

Mal sabem eles que não é assim que se ganha dinheiro na bolsa e os contagiados prudentes ou sem recursos, passam a dizer: "Eu não disse que a bolsa é uma loucura?" E eles estão certos, a bolsa é uma loucura para que não entende, da mesma forma que tentar pilotar um Boeing sem saber, vai quebrar a cara, vai se machucar e muitos nunca mais se recuperam ou tomam aversão ao mercado.

A bolsa brasileira hoje tem mais de 300 empresas negociadas em seu balcão de negócios. Este número pode variar conforme a economia melhora ou não. Quando está boa, vamos ver uma série de IPOs, que são o lançamento de novas empresas na bolsa, a abertura de seu capital no mercado de ações para captação de acionistas que vão financiar sua expansão.

Entre as empresas de bolsa, vamos encontrar marcas famosas, mas também empresas desconhecidas e pequenas que nem por isso significa que não sejam boas empresas. Tudo vai depender da análise que vamos fazer de cada uma, procurando saber informações a seu respeito, saber qual é o negócio dela, olhar seus resultados trimestrais, é assim que vamos saber se elas são boas ou não.

Muitas vezes a marca de uma empresa conhecida coincide com sua capacidade de gestão e de oferecer resultados, mas nem sempre é assim, muitas empresas conhecidas passam por problemas financeiros ou de gestão corporativa com maior frequência do que se imagina.

Da mesma forma que um Fundo Imobiliário é um pedaço de um imóvel, uma ação também é um pedaço, mas de uma empresa. Quando você compra uma ação, você se torna sócio dela e tem direito aos lucros da empresa a qual você investiu. E este lucro retorna para o acionista basicamente de duas maneiras principais. Uma delas é através de dividendos, que é a parte do lucro que a empresa separa para os acionistas. Outra parte do lucro, a empresa pode reinvestir na empresa para que o negócio cresça e gere ainda mais lucro no futuro.

Quando você compra uma ação, tornando-se dona desta empresa, você tem direito a todos os lucros dela, que podem vir na forma de dividendos ou de reinvestimento para gerar mais lucro e ainda de bonificações, desmembramentos, juros sobre capital próprio e a própria valorização da ação. E assim, no longo prazo, o que vemos nas boas empresas é que o preço da ação costuma andar junto com o crescimento dos lucros.

Porém no curto prazo, como a bolsa oscila muito a mercê de fatos externos, estes parâmetros, preço da ação e lucro, podem se desgarrar tornando-se a hora das grandes oportunidades, tanto para compra como para venda. Em momentos de euforia do mercado, algumas ações vão apresentar preços muito mais caros do que a realidade, e em momentos de depressão do mercado, elas poderão estar bem abaixo de seu preço, como nas épocas de crises. Nas horas de euforia, pode valer a pena se desfazer de certas ações bem como nos pânicos de mercado, muitas vezes são boas oportunidades de compra.

Quando a empresa é bem administrada, é boa geradora de caixa e pouco alavancada no sentido de não ter dividas, o casamento do acionista com ela no longo prazo será sempre vantajoso. Mas ao mesmo tempo, estas oscilações de curto prazo do mercado, podem também gerar oportunidades de ganhos extras pontuais.

Na medida que o investidor novato vai tomando consciência de novas técnicas e estratégias de se lucrar com a bolsa, ele vai perceber que investidores experientes costumam alocar recursos em mais de uma estratégia diferente desde que não comprometa sua carteira forte de "Value Investing".

Existem ainda outras técnicas como a de Opções, mas todas requerem cursos específicos mas extensos do que o espaço que temos neste momento. O que pretendo é expor a riqueza de possibilidades que a Bolsa de Valores oferece de se ganhar dinheiro face a pobreza das aplicações bancárias que tentaram durante anos te convencer que eram investimentos.

Mas a hora certa de comprar ou vender, nunca ninguém sabe, quem tenta acertar ou dizer que sabe, estará blefando. Nem mesmo Warren Buffet o maior investidor do mundo sabe a hora exata de comprar ou vender uma ação. O importante é saber que o chamado "Time to Market" é uma grande ilusão, ele não existe. A única coisa que devemos nos preocupar é sempre comprar barato, empresas que gerem bom lucro, bons dividendos. A regra é comprar empresa boa quando todo mundo estiver em pânico com o mercado e vender quando o mercado parecer estar uma maravilha. Se apenas você fizer isto, você já estará seguindo uma brilhante tática, mas a verdadeira estratégia de investimento é levar as ações de boas empresas por muito tempo, para colher dividendos e outros lucros pertinentes aos sócios.

Formas De Bater O Mercado

Existem poucas formas de bater o mercado em rendimentos com ações, salvo alguns atalhos cientificamente comprovados que são:

1 – Através do "Value Investing" que é comprar boas ações baratas.

2 - Historicamente, estudos demonstram que se você escolhe um portfólio de empresa que pagam gordos dividendos, você tende a obter uma performance acima do mercado.

3 – Comprar pequenas boas empresas fora do foco do mercado, as chamadas "Microcaps" e acertar em seu prognóstico de crescimento .

Estas são as três estratégias principais de se enriquecer na Bolsa de Valores usadas pelos grandes investidores bem sucedidos neste mercado. Qualquer outra forma diferente que venham lhe oferecer, acenda o seu sinal de alerta e tome muito cuidado até que tenha certeza absoluta do que se trata. Todas estas três técnicas apresentadas foram as aplicadas pelos grandes investidores da história como Warren Buffet, Charlie Munger, Seth Klarman, Benjamim Graham, Irving Kahn e Walter Scholoss entre outros.

Buffet se tornou bilionário em 50 anos com um retorno médio anual de 21,6% ao ano. Se você tivesse investido apenas U$ 10 mil dólares na empresa de investimentos dele, a Berkshire Hathaway em 1965, hoje você teria U$ 55 milhões de dólares!

Ou ainda, se você investir apenas R$ 200 reais por mês, durante 35 anos na bolsa brasileira, com o mesmo retorno médio de 20% ao ano, você terá no final do período R$ 10 milhões de reais! Esta quantia hoje aplicada apenas em Fundos Imobiliários, lhe renderia por baixo, R$ 10 mil reais por mês, e se continuasse aplicado na bolsa, poderia render uma média de R$ 20 mil ao mês ou mais.

Quanto o INSS estaria lhe pagando pelos seus 35 anos de aposentadoria investindo os mesmos R$ 200 reais por mês? A realidade disso é que sabendo investir, você pode conquistar muito mais do que isso, em muito menos tempo.

Outra coisa, antes de tudo, estes grandes investidores, sabem bem, o que não fazer na bolsa para não perderem dinheiro nela. Os leigos e novatos neste mercado, gostam de olhar apenas para as possibilidades de ganho. Gosto tanto de falar sobre este assunto, porque eu mesmo quando comecei, perdi várias vezes. Nunca perdi muito, porque fui prudente em fazer muitos testes durante cerca de um ou dois anos, somente depois, sabendo o que estava fazendo, passei a arriscar mais e sou especialmente feliz por isto. A experiência tem mudado minha vida em todos os sentidos para muito melhor.

E para acertar é preciso primeiro olhar para o que pode dar errado, justamente para que você evite estes caminhos. É preciso antes de tudo se proteger de potenciais perdas antes de pensar no potencial de ganhos de suas ações. Sobre isto Warren Buffet diz:

Regra nº 1, "Não perca dinheiro"

Regra nº 2, "Não esqueça a regra nº 1"

É comum as pessoas entrarem neste mercado seguindo dicas de gerentes de banco, corretores, assessores de investimentos, consultores, jornalistas de revistas de economia, etc... Todas esta pessoas são programadas pelo sistema para bater metas ganhando comissões e vão fazer tudo para que você compre qualquer coisa delas. Profissionais comissionados não são adequados para você que é candidato a milionário, nem para ninguém.

Investidores adeptos do método de Investimento de Valor, o "Value Investing" fazem questão de cuidar do seu dinheiro sozinhos, eles assumem o controle de suas finanças e sabem onde vai cada centavo do que passa em suas mãos porque sabem que esta é a única forma de conquistar independência e liberdade financeira.

O investidor desavisado foca seu atenção apenas no preço da ação. Se elas começam a subir ele fica louco para comprar, se elas começam a cair querem logo vender. Pode parecer sem sentido para quem está saindo do sistema bancário de aplicações entender o nova sistemática de se ganhar dinheiro em bolsa, mas será preciso ter sempre em mente que não faz nenhum sentido agir na bolsa, influenciado pela movimentação de preços.

No "Value Investing" os investidores focam suas atenções nos fundamentos e no valor intrínseco da empresa e não apenas no preço. O investidor em valor age como um empreendedor, age como proprietário da empresa. Ele usa o preço apenas com fins de saber o valor verdadeiro da empresa.

O investidor desavisado se move de acordo com a maioria. Se todos estão vendendo, ele vende, se estão comprando, ele compra. Warren Buffet tem uma citação sobre isto, ele diz:

"Compre ao som dos canhões, e venda aos som dos violinos"

Antes de mais nada é preciso dizer que Buffet é um defensor do "Buy and Hold", o sistema de "Comprar e Ficar" com a ação por muito tempo, mas se for comprar, ele diz, compre ao som dos canhões, ou seja, quando todos estão em pânico vendendo. E se for preciso vender, que o faça ao som dos violinos, quando o mercado estiver em alta.

Os "Investidores em Valor" seguem em direção oposta a maioria e ficam longe de modismos. Eles acham que fazendo o que todo mundo está fazendo, vão conseguir apenas o que todo mundo está conseguindo, ou seja, perder dinheiro na Bolsa de Valores.

O típico investidor de bolsa, aquele que faz a má fama dela, ele é ganancioso por natureza. Ele busca enriquecimento rápido e acredita em todo tipo de promessa milagrosa. Esta é a receita do fracasso neste mercado. "Investidores em Valor", focam no longo prazo, no tempo do crescimento das empresas que escolheram para ser sócios, reinvestindo nelas de forma consistente. Esta é a única maneira de correr menos riscos e ele entende o poder dos Juros Compostos sobre seus investimentos.

Este mesmo típico investidor aventureiro de bolsa, é fortemente influenciado pelas emoções, age movido por pânico ou por euforia do mercado, o que os faz comprar na alta e vender na baixa. É preciso agir racionalmente ao investir em ações, tomando sempre como critério, os fundamentos da empresa, seu real valor em produzir lucros.

Desmembrando Para Explicar

Com base no que vimos, o principio # 1 do "Investidor de Valor" é:

"Comprar ações de qualidade superior com desconto sobre o

seu valor verdadeiro".

Este é o grande segredo dos maiores investidores de bolsa de todos os tempos. Eles compram ótimas empresas com desconto sobre o seu verdadeiro valor. A estratégia do "Value Investing" pode ser comparada a comprar ovos de páscoa de excelente qualidade, depois do domingo de Páscoa. Em vez de pagar o preço que as pessoas pagaram na semana antes da Páscoa, o "Investidor de Valor" pagará muito menos e levará muito mais, quando a baixa demanda terá derrubado os preços de um excelente produto.

Você não precisa de muito para começar a investir assim na bolsa. Hoje você tem acesso a ações em lotes ou em frações, uma a uma. Basta aplicar o mesmo principio dos ovos de Páscoa sempre que for comprar. Para quem acha que investir na bolsa pode ser arriscado, aplicar seu dinheiro em banco pode ser muito mais. Só é arriscado investir na bolsa se você não souber o que está fazendo. Seguir dicas, modismo, agir por emoção ou sair vendendo por pânico generalizado do mercado, pode realmente ser tão arriscado como apostar em um cassino. Fazer isso é especular, e presunção é aposta, não investimento.

Entenda agora, esta nuance positiva do investimento no mercado de ações. Acompanhe meu raciocínio. Este entendimento é outra percepção fundamental para seu enriquecimento com ações de empresas.

Se o "Investidor em Valor" quando compra ações de qualidade com desconto, ele está minimizando os seus riscos em investir, se ele está otimizando com isto os seus investimentos portanto se arriscando menos, então "quanto maior o desconto, menor o risco". Percebeu a aparente incongruência? Na teoria financeira tradicional, comprar com desconto muitas vezes significa baixa qualidade mas aqui não, estamos falando apenas de empresas de boa qualidade.

Portanto o Principio # 2 do Investidor de Valor é:

"Quanto maior o desconto (de uma empresa de qualidade), menor o risco"

Assim, se juntarmos os dois princípios teremos:

"Comprar ações de qualidade superior com desconto sobre o seu valor verdadeiro, o risco será muito menor".

Porque Não É Popular

Se a estratégia de "Investimento em Valor" funciona tão bem, porque não se torna popular? Primeiro porque nas universidades e meios acadêmicos ainda se ensina a filosofia dos mercados eficientes, e ela é exatamente o oposto da prática, onde exatamente pelos mercados não serem eficientes, surgem grandes oportunidades de investimentos nos mercados de ações.

Outra razão é que para o mercado financeiro, manter posição em ações, isto é, ficar com ações no portfólio por muito tempo, não é interessante para a indústria financeira que tem como receita comissões sobre compra e venda. A eles interessa os investidores impacientes que compram e vendem compulsivamente. Por isso você verá muito neste mercado um incentivo ao Daytrade, uma prática de comprar e vender todo dia para ganhar nesta pequena diferença diária. Você nunca escutará falar de alguém que enriqueceu assim, nunca conhecerá um grande investidor que tenha ganho milhões, muito menos bilhões com esta estratégia.

Semelhantemente, também não se torna popular por ser uma estratégias simples demais, sem grande emoções, você sabendo escolher bem as empresas de qualidade, as compra e esquece, mantendo-as por longos anos, reinvestindo dividendos e outros lucros até que tenha o bastante que nunca mais consiga gastar.

Ainda da mesma forma, a estratégia do "Investimento de Valor" não se torna popular porque apesar do seu método simples, ela exige um certo grau de dedicação e esforço, como ler livros como este, fazer experiências até aprender, escolher corretora, aprender a escolher boas empresas para comprar ações. Uma vez aprendido isto, o método é simples e fácil. O problema é que as pessoas querem comodidade, procuram por esquemas de ganho de dinheiro fácil, agem com pressa, não querem esperar suas sementes plantadas crescer.

A verdade é que esta metodologia de investimento vale a pena e gera resultados como a história tem mostrado na vida de tantos investidores de sucesso por todo o mundo. Ela reduz a probabilidade de perdas, ela é simples e segura fazendo qualquer pessoa ser capaz de entender e aplicar. É um método no qual a relação de risco e retorno é inversa, ou seja, quanto maior o retorno potencial de uma ação, menor o risco que o investidor corre. Trata-se de um método onde não é necessário ter experiência ou conhecimento avançado, estando acessível a qualquer um.

Vamos enriquecer?

Eu estou nessa vida feliz já faz um tempo, rumando firme para minha meta.

7 Passos Para Enriquecer No Mercado De Ações

1 – Controle por conta própria seu dinheiro em cada centavo, desde onde ganha, até onde investe.

2 – Não foque apenas no preço da ação, mas nos fundamentos e no valor intrínseco da empresa.

3 – Fuja da manada, fuja dos modismos. Aja de forma independente e desenvolva seu feeling para investimentos.

4 – Busque retorno no longo prazo.

5 – Jamais aja pelas emoções.

6 – Compre somente ações de empresas de qualidade com bom desconto.

7 – Não perca tempo e comece "agora", ninguém vai enriquecer por você!

7. FATORES DINÂMICOS E ANALISTAS

"Tudo o que você precisa para uma vida de sucesso nos investimentos é de algumas poucas ações vencedoras, e os ganhos delas irão acabar com as perdas das ações que não deram certo" – Peter Lynch

Um dos homens mais ricos da história, John Rockefeller, o magnata do petróleo americano, foi um dos primeiros homens a alcançar uma fortuna na casa do U$ 1 bilhão de dólares. Rockfeller em uma de suas citações disse:

"Você sabe qual a coisa que me dá mais prazer na vida? É ver meus dividendos entrando".

Esta opinião de Rockfeller é compartilhada por todos os milionários e bilionários do mercado de ações. Warren Buffet, o inspirador prodígio de 10 em cada 10 investidores bem sucedidos das Bolsas de Valores tem em sua carteira de ações, empresas com perfil bem característico de "dividend players" (pagadores de dividendos).

Todos estes investidores de sucesso, conhecem bem as vantagens da estratégia dos "Value Investing" que gera dividendos, onde todo lucro no começo é reinvestido, aproveitando-se do poder dos "Juros Compostos", para alcançar riqueza em tempo geralmente muito inferior do que se imagina.

Enriquecimento Autossustentável

Como já comentamos, outro fato que atrai especialmente estes investidores são os momentos de crises ou de baixa do mercado. Eles estão sempre de olho em boas empresas que por acaso estejam com o preço de suas ações abaixo do seu real valor, pois comprar nestas horas é acelerar o processo de enriquecimento. E os dividendos nestas horas são a fonte das novas aquisições sem precisar se desfazer de nenhum outro ativo, justamente neste momento em que eles estão desvalorizados. É o "enriquecimento autossustentável".

Neste cenário, o candidato a milionário apreciador de boas empresas geradoras de dividendos, chamadas de "Galinhas dos Ovos de Ouro" ou de "Vacas Leiteiras", deve organizar sua fonte perene de lucro, de modo que ela supere seu custo de vida pessoal. A partir deste ponto, o investidor passa a ter excedente nos dividendos que utilizava para viver, podendo reinvestir em mais ações, ficando a partir daí, muito mais fácil gerar riqueza.

Ou seja, no começo você só investe, trabalha, empreende, economiza para investir. Mas você começa a ficar rico e rápido, na medida que não precisa mais vender o que lhe torna rico. Empresas trabalham com foco no crescimento e na expansão. Bem administradas elas agregam um segundo fator exponencial que é seu próprio crescimento. Some-se a isto o crescimento exponencial dos juros compostos de cada reinvestimento que você faz, e o que encontramos é milhares de investidores bem sucedidos apaixonados pela arte de investir. Pessoas realizadas financeiramente, que podem se dar ao luxo de trabalhar por prazer, por realização ou vocação. Um prazer de viver muito diferente dos que erroneamente acham que enriquecer seja ostentar ou ficar a toa na vida.

Fatores Dinâmicos de Renda

Outra novidade que transforma para muito melhor, a vida de pessoas que aprendem coisas como as desse livro, é o seguinte. Vamos tomar o caso hipotético de uma empresa que compramos ações dela, e que ela gere dividendos de 6% ano. Até ai ela está empatada com a poupança, em um cenário hipotético estável, tanto faria investir em uma ou outra.

Acontece o seguinte. Em primeiro lugar, a poupança e todas as aplicações bancárias geram payoffs únicos e estáticos, que quando são variáveis, acompanham a inflação, não são investimentos, mas atualizações de perda do seu dinheiro parado. Quando você investe em uma empresa que gera 6% ao ano de dividendos, em primeiro lugar, você passou a ser dono dela, sócio do negócio, e com direito a todos as vitórias e fracassos da mesma. Partindo do suposto que seja uma boa empresa cujo objetivo é o lucro e a expansão, seu percentual de dividendos fica maior na medida que ela cresça, mesmo que você não compre mais nenhuma ação dela. E sua renda não é única, pois como dono você tem direito ao dinamismo potencial de renda dos juros sobre capital próprio, que são lucros excedentes distribuídos, tem bonificações e desmembramentos das ações e tem os frutos de valorização, de fusões e aquisições.

E ainda, mais uma vez bem diferente dos produtos bancários, as empresas que geram dividendos, proporcionam payoffs também dinâmicos, com dividendos que aumentam ao longo do tempo. Se tirarmos por base o histórico das empresas de bolsa, é comum a elevação do percentual de juros dos dividendos por fruto de melhores resultados, entregues diretamente aos acionistas. Enquanto a renda fixa permanece estagnada, com dividendos se passarmos de 6% ao ano para 9% a partir do segundo ano, já temos um aumento de 50% no rendimento, podendo chegar a bem mais do que isso a partir de 4º ou 5º ano.

É notório nos meios da bolsa o fato de que investidores como Luiz Barsi e Lírio Parisotto, bilionários da bolsa brasileira, hoje, cerca de 3 décadas depois, percebem rendimentos 1.000% (mil por cento) maiores sobre seus respectivos preços de compra. Basta escolher suas "Galinhas dos Ovos de Ouro" geradoras de dividendos e carregá-las com obstinação em carteira por longos 5, 10 ou 20 anos para ter os mesmos resultados.

Além destas estratégias conservadoras e seguras, nada impede que você separe alguma quantia para investir em riscos maiores que podem gerar lucros absurdamente grandes e repentinos. A bolsa está repleta de histórias como estas, de empresas nascentes de tecnologia, de farmácia, de biomedicina, histórias de fusões e aquisições oportunistas de bancos médios, prospectoras novatas de petróleo, onde há sempre grandes risco mas também grandes oportunidades potenciais de enriquecimento repentino.

Como comentamos no capítulo anterior em "Formas de Bater o Mercado", uma delas é comprar pequenas boas empresas fora do foco do mercado, as chamadas "Microcaps". Para se ter uma ideia, nesta forma alternativa e bem comum de investimento, alguns investidores tem obtido rendimentos rápidos com pouco dinheiro e ganhos de 175%, 193%, 293% 319% que foram casos reais do ano de 2015, podendo alcançar mais, repentinamente e sem assumir riscos desnecessários.

O importante de toda a exposição deste livro, é demonstrar como o investimento no mercado de ações, focado em dividendos, é a única opção de enriquecimento face as tentações ilusórias da renda fixa brasileira. Luiz Barsi, o bilionário da bolsa especializado em empresas de energia elétrica, que enriqueceu sozinho na bolsa brasileira vindo de uma infância pobre, apenas com trabalho, ele costuma dizer que a renda fixa brasileira para ele se chama Perda Fixa, porque te mantém enganado pela publicidade dos bancos e do sistema financeiro, afastando-o diariamente da sua fortuna. Barsi repete sempre enfaticamente que qualquer um pode ficar milionário na bolsa.

Se você chegou até aqui, já sabe que aprendeu porque você não pode confundir poupar com investir, porque deve mudar sua relação com o seu banco, como falar de igual para igual com o seu gerente, sabe como dar os primeiros passos para começar a investir na bolsa, como abrir uma conta em uma corretora, já conhece

Fundos Imobiliários e conhece a estratégia mais importante para se ganhar muito dinheiro investindo em ações, o método dos grandes investidores de bolsas, o "Investimento em Valor", o "Value Investing".

Nesta pequena jornada, nessa introdução ao investimento em Bolsa de Valores chamado "Fábrica de Milionários", você entendeu também porque não pode querer investir em ações sem conhecer as boas empresas, muito menos tentar investir mal aconselhado por profissionais da indústria financeira que vivem de comissões ou de jornalistas parciais patrocinados por empresas que querem forçar você a comprar as ações deles.

Portanto se você aprendeu tudo isto, agora falta apenas saber quais são esta empresas boas para se comprar ações, quais as que pagam bons dividendos, quais são os Fundos Imobiliários confiáveis, que estejam administrando bem seus imóveis, pagando corretamente os aluguéis aos seus acionistas e que tenham liquidez.

Analistas Financeiros Imparciais e Independentes

Se não são os gerentes, os corretores, nem os consultores financeiros nem os jornalistas, quem fornecem este tipo de informação confiável, quem são então?

Eles são os "Analistas Financeiro Imparciais e Independentes". São imparciais e independentes porque não recebem comissão de ninguém nem são patrocinados por nenhuma empresa, eles ganham apenas de quem contrata suas análises. Muita gente vai se apresentar como Analista Financeiro, alguns certificados, mas o importante é saber como ele ganha a vida, se recebem comissão para te forçar a investir no que ele sugere, se é patrocinado por alguma empresa, se é empregado de algum jornal ou revista de economia. Todos estes citados não merecem crédito por nada que sugerem.

Para saber quais empresas comprar só há duas formas, confiar em algum Analista Financeiro Imparcial e Independente, ou fazer você mesmo o trabalho de um. A função do analista é estudar um grupo de empresas, e opinar sobre uma tese de investimento. Para que ele seja imparcial e independente, este analista profissional precisa ganhar somente de quem ele aconselha e nunca de empresas ou instituições financeiras como bancos e outros.

Pelo fato da Bolsa de Valores brasileira ser relativamente nova, pelo menos na popularidade, profissionais como os Analistas Financeiros Imparciais e Independentes ainda são raros no país. Geralmente eles oferecem seus serviços através de sites próprios trabalhando sozinhos ou em conjunto, as vezes como consultores pessoas físicas, outras como agencias de análises pessoas jurídicas.

Neste livro em não cito nenhum analista por que não fui autorizado por eles, mas no meu curso em vídeo "Como Enriquecer na Bolsa" eu tenho uma vídeo-aula exclusiva chamada Os Melhores Analistas Financeiros Imparciais e Independentes da Bolsa de Valores Brasileira" onde indico minhas preferências, lembrando que tentei e estudei para analisar minhas próprias empresas mas utilizar o serviço deste profissionais, quando são competentes é um verdadeiro investimento em tempo e retorno financeiro. Eles estão sempre em contato com as empresas, sabem segredos que desconhecemos, fazem as análises fundamentalistas da cada companhia, e em geral são especializados em setores da economia da preferência e dos contatos deles.

Só me senti seguro para investir forte no mercado de ações quando encontrei minha atual equipe de analistas independentes, eles me fazem um trabalho que eu não faria melhor, me economizam tempo e tem me dado dicas que tem me rendido verdadeiras fortunas. O preço que eu pago para eles é irrisório perto do retorno que tenho.

No curso "Como Enriquecer na Bolsa" você amplia seus conhecimentos sobre o mercado financeiro da Bolsa de Valores, conhecendo além de muitas outras dicas, os melhores e mais confiáveis analistas financeiros independentes do mercado nacional.

Na bolsa e na vida, quem mais pode ajudá-lo ou atrapalhá-lo é você mesmo. Infelizmente essa é uma realidade que precisa ser aceita pelos investidores. Quem não tem uma estratégia de investimentos, não deve comprar ações. Se você gostou do que aprendeu aqui e quer saber ainda mais, acesse:

"Como Enriquecer na Bolsa", clicando aqui!

COMO ENRIQUECER NA BOLSA

"Como Enriquecer Na Bolsa" é um treinamento em vídeo de 6 semanas para quem quer alcançar a sua independência financeira, saber mais sobre investimentos sofisticados, além de ações e Fundos Imobiliários e você ainda receberá como brinde:

Bonus # 1 – Vídeo-Aula – Os Melhores Analistas Financeiros Imparciais e Independentes da Bolsa de Valores Brasileira"

Bonus # 2 – E-book "O Poder da Alocação Financeira"

Bonus # 3 – E-book "Como Investir em Ouro"

Bonus # 4 – E-Book "Estratégias dos Grandes Investidores"

Bonus # 5 – E-Book "Como Investir nos U.S.A"

Para saber mais, click aqui!

(www.comoenriquecernabolsa.com.br)

Um grande abraço e até breve!

Marcelo Veiga

PEQUENO DICIONÁRIO DO INVESTIDOR

Como surgiu a Bolsa de Valores?

As Bolsas surgiram no século XIV, na cidade de Bruges, na Bélgica. Um grupo de comerciantes se encontravam para fazer negócios na casa de uma família de nome Burse, que tinha na porta um brasão com um escudo e três bolsas. Em Bruges as casas não tinham números, tinham desenhos. Cada casa era conhecida pelo desenho que trazia. Por isso, a casa era conhecida como a casa das bolsas.

O que é Bolsa de Valores?

É uma sociedade civil, sem fins lucrativos, formada por corretoras que mantém um local apropriado para negócios com ações. Ela centraliza as operações de compra e venda de ações, agiliza a troca de informações sobre os preços, etc.

O que é ação? uma ação ordinária? E uma ação preferencial?

Ação é o título que representa a menor fração do capital de uma empresa. As mais importantes são as ações ordinárias e as preferenciais.

As ações ordinárias trazem o símbolo ON, ordinária nominativa, depois do nome da empresa, Petrobrás ON, Itaú ON, etc. A pessoa que compra estas ações, o acionista, ganha o direito de votar em algumas decisões que envolvam a empresa. Eventualmente, dão direito, também, a participar nos resultados da companhia. São menos negociadas que as preferenciais.

As ações preferenciais são aquelas representadas pelo símbolo PN, preferencial nominativa, Petrobrás PN, Itaú PN, etc. São as mais negociadas. Com estas ações o acionista não pode votar nas decisões da empresa. Em compensação, elas garantem uma participação maior nos resultados da empresa (dividendos).

O que é dividendo?

É a parcela dos lucros de uma empresa que são distribuídas, em dinheiro, aos acionistas. Quanto mais ações alguém tem de uma empresa, mais dividendos vai receber se ela der lucro.

O que significa o Índice Bovespa (Ibovespa)?

Na Bolsa de São Paulo são negociadas centenas de ações. Entre elas, as mais negociadas compõe uma espécie de termômetro do mercado de ações. O Índice Bovespa é medido, atualmente, a partir do comportamento das ações de 100 companhias. O índice representa a média de ganhos e perdas destas empresas. Existem outros índices como o IBX, Isenn, Índice da Bolsa de Valores do Rio de Janeiro e FGV-100.

Qual é o valor mínimo para aplicar na Bolsa?

Não há valores mínimos para o investimento em ações. Os valores variam de acordo com a corretora e o preço das ações que serão compradas.

Como comprar ações?

Por meio de uma corretora ou de um fundo de investimento.

O que é uma corretora?

É uma instituição financeira, privada ou estatal, ligada a um banco ou independente, que faz a intermediação na compra e venda de ações e pode participar do pregão.

O que é pregão?

É a sessão durante a qual se efetuam negócios na Bolsa.

O que quer dizer fechamento em alta ou baixa?

Quer dizer que o índice de fechamento da Bolsa foi superior ou inferior ao índice de fechamento do pregão do dia anterior, exceto sábados e domingos, quando a Bolsa não funciona.

Como se sabe a hora de comprar ou vender ações?

De acordo com o mais acertado método de enriquecimento em bolsa, o "Value Investing", comprar ações de boas empresas e mantê-las por longo prazo é o melhor método de fazer fortuna com ações. E comprar na baixa quando os preços estão baixos, e vender na alta quando a ação está valorizada, é o melhor negócio possível. Difícil é saber qual o momento de maior baixa ou alta.

Crianças podem comprar ações?

Sim. Existem algumas corretoras que aceitam a participação de crianças, mesmo que elas só possam aplicar o que sobrou da mesada. Mas para isso é preciso que os pais autorizem e assumam a responsabilidade pelo investimento dos filhos.

O que é Stop-loss?

É uma ordem pré-definida pelo investidor ao se negociar ações. O Stop-loss define quanto o investidor está disposto a perder estabelecendo um valor mínimo para venda, de tal forma que quando o preço da ação atinja aquele patamar, a ação seja vendida automaticamente pelo homebroker, a plataforma online de acesso a bolsa. Como o mercado muda constantemente o Stop-loss expõe a ação a venda em momentos incertos, sendo por isso uma ferramenta pouco utilizada por Investidores em Valor.

BIBLIOGRAFIA

1. "O jeito Peter Lynch de investir" *de Peter Lynch*

2. "O mercado de ações ao seu alcance" *de Joel Greenblatt*

3. "Buffett: a formação de um capitalista americano" *de Roger Lowenstein*

4. "O toque de Midas" *de John Train*

5. "Ações comuns lucros extraordinários - Não Siga o Rumo da Multidão" *de Philip Fisher*

6. "O dilema da inovação" *de Clayton Christensen*

7. "Filosofias de investimento" *de Aswath Damodaran*

8. "Investimentos: os segredos de George Soros e Warren Buffett" *de Mark Tier*

9. "500 perguntas (e respostas) básicas sobre finanças" – *de Hugo Azevedo*

10 – "A Cabeça Do Investidor" – *de Vera Rita de Mello Ferreira*

11 – "Salve-se Quem Puder – *de Edward Chancellor, sobre as crises econômicas mundiais.*

12 - "O Investidor Inteligente" – *de Benjamim Graham, ele é o guru de Warren Buffet e criador do sistema de investir chamado Value Investing"*

13 – "Manias, Pânicos e Crashs" – *de Charles P. Kindleberger*

14 – "O Mercado Das Crenças" – *de Eduardo Giannetti*

15 – Os Exuberantes Anos 90" – *de Joseph Stiglitz, sobre como o mercado atual foi construído a partir da desregulamentação do mercado americano*

e sobre a bolha imobiliárias que cresceu aos poucos.

16 – "O Valor Do Amanhã" – *de Eduardo Giannetti, analisando a perversidade dos juros com reflexo em todas as áreas de nossas vidas.*

17 – "Iludido Pelo Acaso" – *de Nassim Nicholas Taleb, autor do famoso livro sobre o mercado de açoes, chamado "Cisne Negro", ele fala sobre o comportamento dos investidores.*

18 – "Finanças Comportamentais" *de Aquiles Mosca, fala sobre nossos critérios e manias em investir, que nem sempre são técnicos ou lógicos.*

Marcelo Veiga, segundo a REVISTA EXAME, é um dos pioneiros do empreendedorismo digital no Brasil. Ele tem certeza que o mundo digital é a solução para transformar o seu negócio e o seu sucesso pessoal, em realidade.

Marcelo é bacharel em direito, jornalista, consultor financeiro graduado pela FGV, compositor, surfista, empreendedor digital e autor de diversos livros. Mantém diversos blogs, sites e canais no Youtube como a "TV Nordeste", a "Revista Terceira Idade, a TV Guiné-Bissau, além do seu site pessoal Marcelo Veiga sobre educação financeira e marketing digital.

Em 2012, recebeu uma bolsa de estudos para fazer um Curso de Liderança Avançada em Maui no Hawaii, USA, quando teve contato com técnicas revolucionárias de Marketing Digital". Seus livros como o "Só Não É Rico Quem Não Quer", "Fábrica de Milionários" e "Fórmula Online" falam sobre investimentos financeiros online e empreendedorismo digital. Para saber mais cadastre-se no site do autor em Marcelo Veiga, e receba dicas valiosas sobre finanças e empreendedorismo

MARCELO VEIGA
www.marceloveiga.com.br

CPSIA information can be obtained
at www.ICGtesting.com
Printed in the USA
LVOW01s2219080217
523488LV00009B/39/P